Chaîne de blocs

Libérer la puissance de la blockchain :
Votre manuel essentiel pour la révolution
numérique

GEORGE SAND

1

Table des matières

Introduction

Bienvenue dans « Blockchain : Libérer la puissance de la Blockchain – Votre manuel essentiel pour la révolution numérique ». Dans l'environnement numérique en évolution rapide d'aujourd'hui, la technologie blockchain a le pouvoir de transformer différents secteurs ainsi que la façon dont nous partageons des informations, effectuons des transactions et établissons une confiance décentralisée.

Ce livre électronique complet est votre ressource incontournable pour comprendre les principes de la technologie blockchain, étudier ses diverses applications et naviguer dans l'environnement déroutant de cette technologie révolutionnaire. Le livre électronique vous donnera les informations et les idées dont vous avez besoin pour exploiter le vaste potentiel de la blockchain, que vous soyez un débutant curieux ou

un

professionnel chevronné.

Nous jetterons les bases dans les premiers chapitres en donnant un aperçu général de la technologie blockchain, en décrivant ses idées fondamentales et en retraçant sa croissance au fil du temps. Vous obtiendrez une solide compréhension du fonctionnement de la blockchain et des raisons pour lesquelles elle offre une telle garantie pour la révolution numérique en étudiant les principes du cryptage, de la décentralisation, des registres distribués et des contrats intelligents.

Nous examinerons de nombreux cas d'application de la blockchain dans des secteurs tels que la finance, la gestion de la chaîne d'approvisionnement, la santé, le gouvernement et l'énergie au fur et à mesure. Nous étudierons comment la blockchain est utilisée dans divers domaines pour améliorer la sécurité, la transparence, l'efficacité et la confiance tout en transformant les systèmes et procédures conventionnels grâce à l'utilisation d'exemples concrets.

Pour une adoption réussie, il est essentiel de comprendre comment les blockchains sont mises en œuvre. Dans cet ebook, nous examinerons les différents types de blockchain, y compris les blockchains publiques et privées ainsi que celles avec et sans autorisation. Nous passerons également en revue les difficultés et les facteurs à prendre en compte en matière d'évolutivité, d'interopérabilité et de réglementations légales qui affectent l'application de la technologie blockchain.

Avec de nombreuses crypto-monnaies, projets et acteurs importants qui stimulent l'innovation, l'écosystème blockchain est un environnement florissant et dynamique. Nous vous donnerons des informations sur les crypto-monnaies les plus populaires, des revues d'initiatives révolutionnaires et des profils de partenariats influençant le développement de la technologie blockchain.

Nous discuterons de l'avenir de la blockchain, notamment des tendances émergentes, des implications potentielles pour l'industrie et des questions éthiques liées à cette technologie révolutionnaire. De plus, nous offrirons des conseils utiles sur la façon de commencer à utiliser la blockchain, de l'établissement d'un réseau à l'assurance des meilleures pratiques de sécurité.

Nous mettrons en évidence des études de cas convaincantes et des histoires de réussite qui mettent en évidence les avantages concrets et les leçons tirées des mises en œuvre réelles de la blockchain afin d'améliorer votre expérience d'apprentissage. Nous vous fournirons également des outils, des réseaux et des perspectives d'emploi utiles dans l'industrie de la blockchain.

Vous aurez acquis une compréhension approfondie de la technologie blockchain, de ses applications possibles, ainsi que des défis et opportunités qui nous attendent alors que nous arrivons à la fin de notre voyage à travers cet important guide. Préparez-vous à libérer le potentiel de la blockchain et à lancer une révolution numérique révolutionnaire. Commençons maintenant!

Chapitre I : Fondamentaux de la technologie Blockchain

Cryptographie et décentralisation

À l'ère d'une numérisation rapide, la protection de la sécurité et de l'authenticité des actifs numériques est devenue une question de la plus haute importance. L'utilisation de la cryptographie et de la décentralisation comme piliers fondamentaux de la construction de notre frontière numérique est apparue récemment. Dans cette section, nous discuterons de l'importance de la cryptographie et de la décentralisation, ainsi que de ses principes sous-jacents et du rôle qu'ils jouent dans la protection de notre monde numérique.

La cryptographie, souvent connue comme la science et l'art de la communication sécurisée, est la pratique consistant à protéger l'authenticité, l'intégrité et la confidentialité des données grâce à l'utilisation de méthodes et de procédures mathématiques. L'objectif fondamental de la cryptographie est de crypter les informations de telle manière qu'elles ne puissent être consultées ou déchiffrées que par ceux qui ont reçu l'autorisation de le faire. Il comprend les processus de cryptage et de déchiffrement des données, ainsi que la génération de clés cryptographiques et de fonctions de hachage.

Le recours à la cryptographie est essentiel à la protection de la vie privée des utilisateurs, ainsi qu'à la fiabilité et à la véracité des informations numériques. Le cryptage est le processus de conversion des données sensibles sous une forme illisible, ce qui les protège contre tout accès par des personnes non autorisées. Le décryptage permet aux personnes autorisées d'accéder au matériel dans sa forme originale et d'inverser le processus de cryptage. Afin de crypter et déchiffrer les données de manière sécurisée, des clés cryptographiques sont utilisées. La génération d'identifiants uniques par des fonctions de hachage permet de valider l'authenticité des données. Dans les communications numériques, la cryptographie garantit la confidentialité, maintient l'intégrité des données et vérifie les expéditeurs et les destinataires.

La cryptographie utilise diverses techniques, notamment la cryptographie symétrique, la cryptographie asymétrique et la cryptographie hybride. La cryptographie symétrique utilise une clé secrète partagée pour le cryptage et le déchiffrement. La cryptographie asymétrique utilisait une paire de clés : une clé publique à des fins de cryptage et une clé privée à des fins de déchiffrement. La cryptographie hybride combine les atouts de la cryptographie symétrique et asymétrique, garantissant à la fois vitesse et sécurité.

Les systèmes centralisés traditionnels s'appuient sur une autorité centrale pour contrôler et gérer les données. Cependant, ils sont vulnérables aux points de défaillance uniques, au piratage et aux violations de données. La décentralisation, en revanche, redistribue le contrôle et l'autorité entre plusieurs participants, éliminant ainsi le besoin d'une autorité centrale. La technologie Blockchain est un excellent exemple de décentralisation. Dans un réseau blockchain, les transactions et les données sont stockées dans un grand livre distribué sur plusieurs nœuds, garantissant la transparence, la sécurité et l'immuabilité.

La cryptographie joue un rôle essentiel dans la sécurisation des systèmes décentralisés. Il garantit la sécurité et la confidentialité en cryptant les informations sensibles et en fournissant des signatures numériques et des fonctions de hachage pour la vérification de l'intégrité. Les mécanismes de consensus, tels que Proof-of-Work et Proof-of-Stake, s'appuient sur des algorithmes cryptographiques pour valider les transactions et établir un consensus entre les participants au réseau. La cryptographie garantit également l'immuabilité des registres blockchain en générant des identifiants uniques pour les blocs, détectant ainsi toute tentative de falsification.

Les progrès de l'informatique quantique posent des défis aux techniques cryptographiques traditionnelles. Les algorithmes cryptographiques existants peuvent être brisés par les ordinateurs quantiques, ce qui rend nécessaire la création d'algorithmes et de systèmes cryptographiques résistants aux quantiques. La cryptographie préservant la confidentialité gagne en importance, permettant des calculs sécurisés sans exposer les données sensibles. Les efforts d'interopérabilité et de normalisation visent à établir des normes communes entre les plates-formes blockchain et les protocoles cryptographiques, garantissant ainsi la compatibilité et la sécurité dans les écosystèmes décentralisés.

La cryptographie et la décentralisation sont des outils indispensables pour renforcer notre frontière numérique. La cryptographie garantit la confidentialité, l'intégrité et l'authentification, assurant ainsi une communication sécurisée et une protection des données. La décentralisation, illustrée par la technologie blockchain, redistribue le contrôle, améliore la sécurité et favorise la confiance dans un réseau décentralisé. À mesure que le paysage numérique évolue, la cryptographie et la décentralisation continueront de jouer un rôle central dans la protection de notre monde numérique, nous permettant d'exploiter le potentiel de la révolution numérique tout en protégeant notre vie privée et notre sécurité.

Grand livre distribué et mécanismes de consensus

La technologie du grand livre distribué et les méthodes de consensus sont devenues la pierre angulaire des systèmes de transactions sécurisés et fiables à l'ère numérique, où la confiance et la transparence sont importantes. Cette section examine l'importance des mécanismes de consensus et des registres distribués, ainsi que leurs idées fondamentales et leur fonction dans la création de confiance dans le monde numérique.

Un système décentralisé et ouvert pour stocker et confirmer les transactions est la technologie du grand livre distribué (DLT). En permettant la synchronisation et le stockage des données entre de nombreux nœuds ou participants, il supprime la nécessité d'une autorité centralisée. L'objectif principal de DLT est de rendre les transactions numériques fiables, transparentes et immuables.

Les grands livres distribués assurent la transparence en permettant à tous les participants d'accéder et de vérifier les données de transaction. Chaque transaction est enregistrée dans le grand livre, créant une trace vérifiable des activités. Cette transparence renforce la responsabilité et réduit le risque de fraude ou de manipulation.

Une fois les données ajoutées à un grand livre distribué, il devient extrêmement difficile de les modifier ou de les falsifier. La nature décentralisée du grand livre, combinée aux techniques cryptographiques, garantit l'immuabilité et l'intégrité des enregistrements des transactions. Cette fonctionnalité améliore la confiance dans le système.

La technologie du grand livre distribué élimine le besoin de faire confiance à une autorité centrale. Les transactions sont validées et enregistrées via des mécanismes de consensus, ce qui rend le système résistant à la manipulation ou aux points de défaillance uniques. La confiance est établie par la convention collective des par ticipants.

Les mécanismes de consensus sont des protocoles ou des algorithmes qui permettent aux participants de s'entendre sur la validité des transactions et sur l'ordre dans lequel elles sont ajoutées au grand livre distribué. Ils garantissent que le grand livre reste cohérent et fiable sur tous les nœuds.

La preuve de travail (PoW) est le mécanisme de consensus utilisé dans la blockchain Bitcoin. Il s'agit de mineurs en compétition pour résoudre des énigmes mathématiques complexes, le premier à trouver la solution étant récompensé par le droit d'ajouter un nouveau bloc à la blockchain. PoW garantit la sécurité en rendant la modification des transactions passée coûteuse en termes de calcul.

La preuve de participation (PoS) est un mécanisme de consensus alternatif qui sélectionne les validateurs en fonction de leur propriété ou de leur participation dans la crypto-monnaie. En fonction de la quantité de crypto-monnaies qu'ils possèdent, les validateurs sont choisis pour ajouter de nouveaux blocs et approuver les transactions. Le PoS consomme moins d'énergie que le PoW mais assure toujours la sécurité du réseau.

Avec la Delegated Proof-of-Stake (DPoS), les détenteurs de jetons élisent un nombre prédéterminé de délégués qui seront chargés de valider les transactions ainsi que de construire de nouveaux blocs. DPoS vise à améliorer l'évolutivité et l'efficacité en réduisant le nombre de participants impliqués dans le consensus.

Practical Byzantine Fault Tolerance (PBFT) est un algorithme de consensus conçu pour les réseaux blockchain autorisés. La tolérance aux pannes byzantine est activée, permettant au système de continuer à fonctionner normalement même si certains nœuds sont malveillants ou fonctionnent mal. PBFT garantit le consensus en permettant aux nœuds d'échanger des messages et de parvenir à un accord sur la validité des transactions.

Les mécanismes de consensus déterminent la validité des transactions et l'ordre dans lequel elles sont ajoutées au grand livre distribué. En parvenant à un accord entre les participants, les mécanismes de consensus garantissent que le grand livre reste cohérent et précis.

Les mécanismes de consensus assurent la sécurité des systèmes de registres distribués en empêchant les acteurs malveillants de manipuler les transactions ou de falsifier le registre. En nécessitant une quantité ou un enjeu informatique important, les mécanismes de consensus dissuadent les attaquants et garantissent l'intégrité du réseau.

Les mécanismes de consensus jouent un rôle crucial dans l'évolutivité et l'efficacité des systèmes de registres distribués. Les mécanismes de consensus permettent au réseau de prendre en charge un nombre élevé de transactions sans dégrader la vitesse en rationalisant le processus de validation et d'ajout de transactions au grand livre.

L'évolutivité et le débit sont les principaux défis de la technologie des registres distribués. Les chercheurs et les développeurs explorent de nouveaux mécanismes de consensus et techniques d'optimisation pour relever ces défis.

La consommation d'énergie est une préoccupation pour les mécanismes de consensus de preuve de travail. À mesure que l'impact environnemental devient de plus en plus évident, l'accent est de plus en plus mis sur le développement de mécanismes de consensus plus économes en énergie.

Les efforts d'interopérabilité et de normalisation visent à établir des protocoles et des cadres communs qui permettent une interaction et une compatibilité transparentes entre les différentes plates-formes de registre distribué et les mécanismes de consensus.

La technologie des registres distribués, soutenue par des mécanismes de consensus, a révolutionné la confiance dans le domaine numérique. En offrant transparence, immuabilité et un environnement sans confiance, les registres distribués garantissent l'intégrité et la sécurité des transactions numériques. Les mécanismes de consensus jouent un rôle crucial dans la validation des transactions, le maintien de la sécurité du réseau et la réalisation de l'évolutivité. À mesure que les défis seront relevés et que de nouveaux développements apparaîtront, la technologie des registres distribués et les mécanismes de consensus continueront de remodeler les industries, renforçant ainsi la confiance et l'innovation à l'ère numérique.

Contrats intelligents et leurs applications

Les contrats intelligents sont devenus un outil révolutionnaire à l'ère numérique où l'automatisation, l'efficacité et la sécurité sont essentielles. Cette section examine l'importance des contrats intelligents ainsi que leurs idées principales et leurs applications variées. Les contrats intelligents transforment la manière dont les transactions sont effectuées dans tous les secteurs, de la finance à la gestion de la chaîne d'approvisionnement et au-delà. Ils offrent une plus grande transparence, efficacité et confiance numérique.

Les contrats intelligents sont des accords auto-exécutables qui automatisent et appliquent les termes et conditions d'un contrat. Ils sont codés dans un code informatique et résident sur une blockchain ou un registre distribué. Étant donné que les termes du contrat sont automatiquement appliqués par le biais de réglementations préprogrammées, les contrats intelligents suppriment le besoin d'intermédiaires.

Les contrats intelligents assurent efficacité et automatisation en rationalisant les processus et en éliminant les interventions manuelles. Ils font gagner du temps et des ressources à toutes les parties impliquées en automatisant les tâches et en réduisant la paperasse.

La transparence et la confiance offertes par les contrats intelligents constituent un avantage non négligeable. Stockés sur une blockchain ou un grand livre distribué, les contrats intelligents fournissent des enregistrements transparents et immuables des transactions. Cette transparence favorise la confiance entre les participants, car toutes les parties peuvent vérifier de manière indépendante les termes et les résultats du contrat.

Les contrats intelligents permettent également de réaliser des économies en éliminant les intermédiaires et en réduisant le besoin de traitement manuel. Cette réduction des coûts est particulièrement précieuse dans les transactions complexes et à volume élevé.

Les contrats intelligents ont de nombreuses applications dans divers secteurs :

Dans les domaines financier et bancaire, les contrats intelligents facilitent les processus de paiement automatisés, les plateformes de prêt et d'emprunt décentralisées et le règlement rationalisé des réclamations d'assurance. Ils ont le potentiel de transformer les instruments financiers traditionnels tels que les produits dérivés et les obligations.

Dans la gestion de la chaîne d'approvisionnement, les contrats intelligents améliorent la transparence, la traçabilité et l'efficacité. Ils automatisent des processus tels que l'exécution des commandes, le suivi des expéditions et la vérification des paiements, garantissant ainsi la confiance et réduisant la fraude. Les contrats intelligents permettent une visibilité en temps réel sur le mouvement des marchandises et garantissent le respect des obligations contractuelles.

Les transactions immobilières et immobilières peuvent être révolutionnées par les contrats intelligents. Ils automatisent des tâches telles que les transferts de propriété, les transferts de titres et les contrats de location. Les contrats intelligents offrent une transparence accrue et réduisent le besoin d'intermédiaires, simplifiant ainsi les processus d'achat, de vente et de location.

Les contrats intelligents peuvent gérer les droits de propriété intellectuelle, notamment les droits d'auteur, les brevets et les accords de licence. Ils permettent le paiement automatique des redevances, le suivi de la propriété et l'application de restrictions d'utilisation, offrant ainsi aux créateurs un meilleur contrôle sur leur propriété intellectuelle.

Dans le domaine de la santé, les contrats intelligents peuvent rationaliser des processus tels que la gestion des dossiers médicaux, les réclamations d'assurance et la gestion des essais cliniques. Ils garantissent la confidentialité et la sécurité des données des patients tout en automatisant les processus de facturation et de paiement.

Les contrats intelligents peuvent révolutionner la gouvernance et les systèmes de vote en permettant des élections sécurisées et transparentes. Ils éliminent les risques de fraude ou de falsification, offrant ainsi une accessibilité, une efficacité et une vérifiabilité accrues dans les processus décisionnels.

La mise en œuvre de contrats intelligents n'est pas sans défis et considérations :

La complexité technique peut constituer un obstacle pour les organisations cherchant à mettre en œuvre efficacement des contrats intelligents. Le développement et le déploiement de contrats intelligents nécessitent une expertise technique et une compréhension de la technologie blockchain.

Les considérations juridiques et réglementaires varient selon les juridictions. Le statut juridique et le caractère exécutoire des contrats intelligents doivent respecter les cadres réglementaires actuels. Des adaptations peuvent être nécessaires pour tenir compte des caractéristiques et des implications uniques des contrats intelligents.

La sécurité et les vulnérabilités présentent des risques pour les contrats intelligents. Des failles dans le code ou des failles de sécurité peuvent entraîner des risques et des pertes potentiels. Des tests continus, des audits et des mesures de sécurité robustes sont essentiels pour atténuer ces risques.

L'évolutivité devient un défi à mesure que les contrats intelligents sont de plus en plus adoptés. Les réseaux blockchain doivent répondre aux problèmes d'évolutivité pour gérer un grand volume de transactions de contrats intelligents sans compromettre les perfor mances.

L'avenir des contrats intelligents réserve des développements prometteurs :

Des efforts d'interopérabilité et de normalisation sont en cours pour permettre une intégration et une interaction transparentes entre les différentes plates-formes blockchain et les écosystèmes de contrats intelligents. Des normes communes amélioreront l'interopérabilité et favorisent une adoption plus large.

Les Oracles, qui permettent aux contrats intelligents d'interagir avec des sources de données externes, élargiront les capacités et les cas d'utilisation des contrats intelligents. L'intégration de données fiables et dignes de confiance dans les contrats intelligents améliore leur efficacité et leur applicabilité.

Les modèles et bibliothèques de contrats intelligents simplifieront le développement et le déploiement de contrats intelligents. Des extraits de code réutilisables et des modèles prédéfinis pour les cas d'utilisation courants réduisent la complexité et permettent de gagner du temps, accélérant ainsi l'adoption de contrats intelligents.

Les contrats intelligents transforment les transactions à l'ère numérique, offrant une efficacité, une transparence et une confiance accrues. De la finance à la gestion de la chaîne d'approvisionnement et dans divers autres secteurs, les contrats intelligents automatisent les processus, éliminent les intermédiaires et rationalisent les transactions. Bien que des défis et des considérations existent, les développements en cours en matière d'interopérabilité, de normalisation et d'intégration de données externes continueront d'élargir le potentiel et les applications des contrats intelligents. À mesure que l'adoption de la technologie blockchain s'accélère, les contrats intelligents joueront un rôle central dans l'avenir des transactions numériques et de la gestion des contrats.

Chapitre II : Exploration des cas d'utilisation de la blockchain

Blockchain dans la finance et la banque

L'émergence de la technologie blockchain en tant que force de transformation est plus clairement visible dans le monde de la finance et de la banque, où la confiance, la sécurité et l'efficacité sont de la plus haute importance. Cette section explore l'impact considérable de la technologie blockchain dans les secteurs bancaire et financier, ainsi que ses concepts fondamentaux et une grande variété d'applications. La blockchain modifie la manière dont les transactions financières sont effectuées, offrant une transparence, une sécurité et une efficacité opérationnelle améliorées. Cela comprend le traitement des paiements et des envois de fonds, ainsi que l'authentification des identités et la gestion des actifs.

La technologie connue sous le nom de blockchain est un registre décentralisé et distribué qui permet l'enregistrement sécurisé des transactions ainsi que leur vérification. Il est constitué d'une série de blocs dont chacun stocke un ensemble de transactions et devient partie intégrante de la chaîne. L'objectif fondamental de la technologie blockchain est d'instaurer la confiance, la transparence et l'immuabilité dans le processus de réalisation de transactions numériques.

En créant un registre partagé et immuable accessible à tous les utilisateurs, la blockchain donne un air d'ouverture au processus de réalisation des transactions financières. Chaque transaction est horodatée et enregistrée, créant ainsi une piste d'audit traçable qui améliore la responsabilité et réduit les risques de fraude.

La mise en œuvre de protocoles cryptographiques dans la technologie blockchain permet de réaliser des transactions financières sans compromettre leur confidentialité ou leur authenticité. La falsification peut être évitée en utilisant des blocs immuables et des algorithmes de hachage cryptographique, et l'identité des participants peut être vérifiée à l'aide de signatures numériques. La sécurité accrue contribue à réduire les risques d'activités frauduleuses et d'accès par des parties non autorisées.

L'utilisation de la technologie blockchain peut rendre les transactions financières plus efficaces en supprimant le besoin d'intermédiaires, en automatisant les tâches de routine et en simplifiant les procédures complexes. L'exécution automatisée et efficace des conditions contractuelles est rendue possible par les contrats intelligents, qui sont des accords capables d'exécuter leurs propres conditions et construits sur la blockchain. Cela réduit le besoin de paperasse et d'autres formes d'implication manuelle. Grâce à cette automatisation, du temps et des ressources sont économisés, ce qui contribue à une augmentation de l'efficacité opérationnelle.

La technologie blockchain a des applications qui peuvent révolutionner de nombreux aspects différents de la finance et de la banque, notamment les suivants :

Grâce à l'utilisation de la technologie blockchain, les transactions impliquant des transferts d'argent et des paiements peuvent être effectuées plus rapidement, en toute sécurité et à moindre coût. Cela supprime le besoin d'intermédiaires, raccourcit les délais de règlement et réduit les frais de transaction. Les systèmes de paiement basés sur la technologie blockchain permettent d'améliorer l'accessibilité et l'inclusion financière, en particulier pour les personnes qui n'ont pas de compte bancaire.

La technologie blockchain améliore la transparence et l'efficacité opérationnelle des activités commerciales, notamment le financement du commerce et la gestion de la chaîne d'approvisionnement. Grâce à cette technologie, les documents tels que les lettres de crédit et les connaissements sont automatisés et numérisés, améliorant ainsi la traçabilité et réduisant la fraude. La nature décentralisée et immuable de la technologie blockchain contribue à garantir la confiance et l'intégrité des données dans la gestion de la chaîne d'approvisionnement.

Les solutions sécurisées et décentralisées de la blockchain sont bénéfiques pour les processus de vérification d'identité et de connaissance de votre client (KYC). Les utilisateurs peuvent garder le contrôle de leurs propres données personnelles tout en permettant à certaines entités d'y accéder si nécessaire. Les systèmes d'identité basés sur la technologie blockchain améliorent la confidentialité des données, réduisent les duplications inutiles et accélèrent les procédures de conformité.

L'utilisation de la technologie blockchain a un impact profond sur la gestion des titres et des actifs. Grâce à un processus appelé tokenisation, les actifs peuvent être représentés numériquement sur la blockchain. Cela ouvre la porte à la propriété fractionnée, à une liquidité améliorée et à une conformité automatisée. Le versement automatique de dividendes, les opérations sur titres et la tenue de registres transparents sont tous rendus possibles grâce à l'utilisation de contrats intelligents.

La transparence et l'immuabilité de la technologie blockchain soutiennent la prévention de la fraude et la gestion des risques dans le secteur financier. Les systèmes basés sur la technologie blockchain ont la capacité de détecter et de stopper les comportements frauduleux tels que le blanchiment d'argent et le vol d'identité. La technologie Blockchain est décentralisée, ce qui contribue à réduire le nombre de points de défaillance uniques et améliore la résilience opérationnelle.

Les cas d'utilisation de la technologie blockchain dans les secteurs financier et

bancaire

posent des défis et nécessitent de prendre en compte les éléments suivants :

Lorsqu'il s'agit d'une acceptation massive, l'évolutivité et les performances sont absolument essentielles. Le réseau blockchain doit être capable de gérer la charge accrue sans compromettre sa sécurité ou sa nature décentralisée à mesure que le nombre de transactions augmente. Il est actuellement en cours d'élaboration pour fournir des solutions qui améliorent l'évolutivité tout en préservant l'efficacité.

Les cadres réglementaires et de conformité pour les applications de la technologie blockchain dans le secteur bancaire et financier sont encore en cours d'élaboration. Des questions telles que la compétence, la confidentialité des données, la protection des consommateurs et les règles anti-blanchiment d'argent sont désormais discutées et débattues par les autorités compétentes. Favoriser l'innovation tout en s'attaquant aux risques potentiels nécessite des cadres réglementaires à la fois transparents et flexibles.

L'interopérabilité et les normes sont fondamentales pour parvenir à une intégration transparente ainsi qu'à l'échange de données entre les différents réseaux blockchain. L'utilisation de protocoles et de cadres standards permettra aux différents écosystèmes blockchain d'être compatibles les uns avec les autres et de travailler ensemble.

Des innovations prometteuses attendent la blockchain dans le secteur bancaire et financier :

Les banques centrales du monde entier envisagent de créer ce que l'on appelle les monnaies numériques de banque centrale, ou CBDC. La technologie Blockchain est utilisée pour créer des CBDC, qui sont des équivalents numériques des monnaies traditionnelles. Ils ont la capacité d'élargir l'accès aux services financiers, de renforcer la mise en œuvre de la politique monétaire et de faciliter les transactions financières inter nationales.

L'intégration avec l'infrastructure financière actuellement en place est un domaine d'intérêt clé. L'efficacité, la transparence et la sécurité des systèmes de paiement, ainsi que les procédures de compensation et de règlement, peuvent toutes être améliorées grâce à la technologie blockchain. Grâce à cette intégration, les dépenses, les risques et le recours aux intermédiaires sont tous réduits.

Une innovation et une collaboration continues sont nécessaires pour réaliser tout le potentiel de la technologie blockchain dans les secteurs bancaire et financier. Une collaboration est nécessaire entre les organismes de réglementation, les entreprises technologiques et les institutions financières afin de surmonter les difficultés, d'encourager l'innovation et de promouvoir le déploiement responsable de la technologie blockchain.

Les secteurs financier et bancaire subissent une transformation technologique provoquée par la blockchain, qui offre des niveaux améliorés de transparence, de sécurité et d'efficacité opérationnelle. En raison de sa nature décentralisée et transparente, la blockchain est capable d'apporter confiance et automatisation à diverses opérations financières, notamment les paiements, les envois de fonds, la vérification d'identité et la gestion d'actifs. Malgré les obstacles et les inquiétudes soulevés par les organismes de réglementation, les innovations et collaborations en cours jettent les bases d'un avenir dans lequel la blockchain jouera un rôle crucial dans le processus de remodelage du paysage financier mondial.

Blockchain dans la gestion de la chaîne d'approvisionnement

Dans le domaine de la gestion de la chaîne d'approvisionnement, où la transparence, la traçabilité et l'efficacité sont primordiales, la technologie blockchain est devenue une force de transformation. Cette section explore l'impact significatif de la blockchain dans la gestion de la chaîne d'approvisionnement, ses principes fondamentaux et ses applications étendues. De l'approvisionnement et de la logistique à l'authentification et à la durabilité des produits, la blockchain révolutionne la façon dont les chaînes d'approvisionnement sont gérées, offrant une transparence, une sécurité et une efficacité opérationnelle accrues.

Un système de grand livre distribué, la blockchain, permet un enregistrement et une vérification sécurisés des transactions. Il établit la confiance, la transparence et l'immuabilité dans les transactions numériques. La blockchain apporte transparence et traçabilité à la gestion de la chaîne d'approvisionnement en fournissant un registre partagé et immuable, visible pour tous les participants. Cela crée une piste vérifiable qui améliore la responsabilité et réduit le risque de fraude.

Les techniques cryptographiques utilisées dans la blockchain garantissent la sécurité et l'intégrité des transactions de la chaîne d'approvisionnement. Les blocs immuables et les fonctions de hachage cryptographique protègent contre la falsification, tandis que les signatures numériques authentifient l'identité des participants. Cette sécurité renforcée réduit le risque d'accès non autorisé, de contrefaçon et de fraude dans la chaîne d'approvisionnement.

La blockchain rationalise les processus de la chaîne d'approvisionnement en éliminant les intermédiaires, en automatisant les tâches et en réduisant les complexités. Les contrats intelligents, accords auto-exécutables basés sur la blockchain, permettent une exécution automatisée et efficace des conditions contractuelles, réduisant ainsi la paperasse, les retards et les interventions manuelles. Cette automatisation permet de gagner du temps, de réduire les coûts et d'améliorer l'efficacité opérationnelle.

La technologie Blockchain a des applications transformatrices dans divers domaines de la gestion de la chaîne d'approvisionnement :

Dans la gestion des achats et des fournisseurs, la blockchain améliore la transparence et la confiance entre les acheteurs et les fournisseurs. Les contrats intelligents automatisent les bons de commande, suivent les livraisons et assurent le respect des conditions contractuelles. La blockchain garantit que les fournisseurs respectent les normes de qualité, rationalise les processus de paiement et réduit le risque d'activités frauduleuses.

Dans le domaine de la logistique et du suivi des expéditions, la blockchain permet le suivi et la visibilité en temps réel des marchandises tout au long de la chaîne d'approvisionnement. Il fournit un enregistrement complet et vérifiable de l'origine, du transport et du stockage. Cette transparence réduit les retards, améliore la gestion des stocks et facilite des estimations de livraison plus précises.

L'authentification des produits et la prévention de la contrefaçon sont réalisées grâce à la blockchain. Chaque article peut être identifié et suivi de manière unique sur la blockchain, garantissant ainsi son authenticité et sa provenance. Les clients peuvent vérifier la légitimité des produits, réduisant ainsi le risque d'acheter des produits contrefaits.

Les systèmes de financement et de paiement de la chaîne d'approvisionnement bénéficient de la blockchain. Basés sur des données vérifiables stockées sur la blockchain, les contrats intelligents automatisent les modalités de paiement et

facilitent
le financement. Cela rationalise le processus de paiement, réduit les coûts de transaction et renforce la confiance entre les parties.

Les initiatives de développement durable et d'approvisionnement éthique sont soutenues par la technologie blockchain. Il assure la transparence et la responsabilité dans les chaînes d'approvisionnement, permettant le suivi de l'impact environnemental des produits et garantissant le respect des normes d'approvisionnement éthique. La blockchain promeut des pratiques de travail équitables et une production responsable.

La mise en œuvre de la blockchain dans la gestion de la chaîne d'approvisionnement se heurte à des défis et à des considérations :

L'intégration avec les systèmes existants est une considération essentielle. Une intégration transparente des données avec les systèmes et bases de données de chaîne d'approvisionnement existants est nécessaire pour exploiter tout le potentiel de la blockchain en améliorant la transparence et la traçabilité.

La confidentialité et la confidentialité des données doivent être équilibrées avec la transparence. Les données de la chaîne d'approvisionnement comprennent souvent des informations sensibles qui doivent être protégées. Des contrôles d'accès et des techniques de cryptage appropriés doivent être mis en place pour protéger les informations sensibles.

L'adoption et la normalisation sont cruciales pour une intégration généralisée de la blockchain dans les chaînes d'approvisionnement. La collaboration entre les parties prenantes, les initiatives à l'échelle du secteur et les normes communes sont nécessaires pour tirer pleinement parti de la technologie blockchain.

L'évolutivité et les performances sont des facteurs critiques à mesure que les volumes de transactions augmentent. Les réseaux blockchain doivent gérer un volume élevé de transactions sans compromettre la vitesse et l'efficacité. Des solutions évolutives sont en cours de développement pour relever ces défis.

Des développements prometteurs sont prévus pour la blockchain dans la gestion de la chaîne d'approvisionnement à l'avenir :

La collecte de données en temps réel et les mises à jour automatiques de la blockchain sont rendues possibles grâce à l'intégration de l'Internet des objets (IoT). Cette intégration améliore la visibilité de la chaîne d'approvisionnement, automatise la collecte de données et permet une prise de décision plus précise et plus efficace.

L'interopérabilité entre les différentes plateformes blockchain et réseaux de chaînes d'approvisionnement est essentielle. Le développement de solutions multi-chaînes facilitant l'interopérabilité ouvrira de nouvelles possibilités pour la gestion de la chaîne d'approvisionnement.

L'intelligence artificielle et l'analyse prédictive combinées à la blockchain peuvent offrir des informations précieuses sur les performances de la chaîne d'approvisionnement, optimiser la gestion des stocks et permettre une gestion proactive des risques. Ces technologies améliorent la prise de décision et la réactivité de la chaîne d'approvisionnement.

La technologie Blockchain transforme la gestion de la chaîne d'approvisionnement en améliorant la transparence, la traçabilité et l'efficacité. De l'approvisionnement et de la logistique à l'authentification des produits et à la durabilité, la blockchain apporte confiance et automatisation aux chaînes d'approvisionnement. Malgré les défis et les considérations, les développements et collaborations en cours ouvrent la voie à un avenir dans lequel la blockchain jouera un rôle central dans la refonte des chaînes d'approvisionnement mondiales. En adoptant la blockchain, les organisations peuvent débloquer de nouvelles opportunités, réduire les risques et créer des chaînes d'approvisionnement plus résilientes et transparentes.

La blockchain dans les soins de santé

La technologie Blockchain est devenue une force disruptive dans le secteur de la santé, où la confidentialité des patients, l'interopérabilité et la sécurité des données sont de la plus haute importance. L'influence significative de la blockchain dans le domaine des soins de santé, ainsi que ses idées sous-jacentes et sa myriade d'applications sont examinées dans cette section. La blockchain transforme la façon dont les données de santé sont conservées, en offrant une sécurité, une transparence et une efficacité accrues dans des domaines tels que les dossiers de santé électroniques, le partage de données, les essais cliniques et la gestion de la chaîne d'approvisionnement.

Une technologie de registre distribué et décentralisé, la blockchain, permet d'enregistrer et de confirmer les transactions en toute sécurité. Dans les transactions numériques, il établit l'immuabilité, la transparence et la confiance. La blockchain dans le contexte des soins de santé offre un enregistrement vérifiable et infalsifiable des données de santé.

Les soins de santé bénéficient d'une sécurité et d'une intégrité améliorées des données grâce à la blockchain. La structure décentralisée de la blockchain supprime les points de défaillance uniques, réduisant ainsi les risques de violations de données et d'accès non autorisés. L'immuabilité des données de santé est garantie par l'utilisation d'algorithmes cryptographiques, les protégeant de toute falsification ou modification.

La confidentialité des patients et la gestion du consentement sont améliorées grâce à la technologie blockchain. Les patients peuvent garder le contrôle de leurs informations personnelles sur la santé, en accordant en toute sécurité l'accès à leurs données uniquement aux entités autorisées. Cette approche centrée sur le patient améliore la gestion de la confidentialité et du consentement, en donnant aux patients le contrôle de leurs propres données de santé.

L'interopérabilité et le partage de données entre les prestataires de soins de santé, les institutions et les systèmes sont améliorés grâce à la blockchain. Il permet un échange de données transparent et sécurisé, réduisant ainsi les obstacles au flux d'informations et améliorant la coordination des soins. Les échanges d'informations de santé basés sur la blockchain facilitent le partage des dossiers des patients tout en préservant la confidentialité et l'intégrité des données.

Le traitement efficace des réclamations et la gestion du cycle de revenus sont obtenus grâce à la technologie blockchain. La blockchain rationalise le flux de données et les paiements entre les assureurs, les prestataires de soins de santé et les patients, en automatisant et en sécurisant les processus. Les contrats intelligents automatisent le traitement des réclamations, la vérification de l'éligibilité et les processus de remboursement, réduisant ainsi les charges administratives et améliorant l'efficacité.

Les dossiers de santé électroniques (DSE) peuvent être révolutionnés grâce à la technologie blockchain. Les dossiers de santé des patients peuvent être stockés et consultés en toute sécurité sur la blockchain, permettant une vue complète et unifiée des informations sur les patients. La blockchain garantit l'intégrité des données, réduit la duplication et permet un partage transparent des DSE entre les parties autorisées.

La blockchain améliore la transparence et la fiabilité des essais cliniques et des données de recherche. Il permet un stockage sécurisé et vérifiable des protocoles d'essai, des formulaires de consentement et des données collectées au cours des essais. Les systèmes basés sur la blockchain garantissent l'intégrité et la traçabilité des données de recherche, améliorant ainsi la qualité des données et facilitant la collaboration entre les chercheurs.

La traçabilité et la transparence des chaînes d'approvisionnement en médicaments sont améliorées grâce à la technologie blockchain. La blockchain enregistre chaque transaction et mouvement de médicaments, vérifiant ainsi l'authenticité et l'intégrité des médicaments. En réduisant le risque d'entrée sur le marché de produits pharmaceutiques contrefaits ou de qualité inférieure, cela améliore la sécurité des patients.

La blockchain prend en charge la télémédecine sécurisée et efficace et la surveillance à distance des patients. Il facilite la communication cryptée et décentralisée entre les patients et les prestataires de soins de santé, garantissant ainsi la confidentialité des interactions en télésanté. La blockchain permet également le stockage et le partage sécurisé des données de surveillance à distance des patients, améliorant ainsi les soins et la gestion des patients.

La mise en œuvre de la blockchain dans le domaine de la santé est confrontée à des défis et à des considérations :

L'évolutivité et les performances sont des facteurs importants à prendre en compte, car les soins de santé génèrent de grandes quantités de données. Les réseaux blockchain doivent gérer des volumes de transactions élevés sans compromettre la vitesse et l'efficacité. Des solutions d'évolutivité sont nécessaires pour répondre aux demandes croissantes de stockage et de traitement des données dans le secteur des soins de santé.

Les cadres réglementaires et juridiques doivent être adaptés pour tenir compte des caractéristiques et des implications uniques de la blockchain dans le domaine des soins de santé. Le respect des réglementations en matière de confidentialité, telles que la Health Insurance Portability and Accountability Act (HIPAA), et les lois sur la protection des données posent des défis qui doivent être relevés.

La normalisation des données et l'intégration des systèmes sont cruciales pour parvenir à l'interopérabilité entre les différents systèmes de santé et normes de données. La collaboration entre les parties prenantes et les initiatives à l'échelle de l'industrie est nécessaire pour établir des formats de données et des normes communs pour une intégration transparente avec l'infrastructure de soins de santé existante.

L'éducation et l'adoption des utilisateurs sont essentielles à la mise en œuvre réussie

de

la blockchain dans le secteur de la santé. Les professionnels de la santé ainsi que les patients doivent comprendre les avantages et les implications de la technologie blockchain pour exploiter pleinement son potentiel.

L'avenir de la blockchain dans le domaine de la santé recèle des développements prometteurs :

L'intégration de la blockchain avec l'analyse des données de santé et l'intelligence artificielle peut révolutionner les soins de santé. La blockchain fournit un accès sécurisé à divers ensembles de données à des fins d'analyse, permettant des

diagnostics
plus précis, des traitements personnalisés et des analyses prédictives.
L'intégration de la blockchain avec l'Internet des objets médicaux (IoMT) permet un partage sécurisé et transparent des données des dispositifs médicaux. Cette intégration améliore la surveillance des patients, améliore la coordination des soins et permet des interventions automatisées basées sur les données.
Les collaborations à l'échelle de l'industrie et l'établissement de normes et de consortiums d'interopérabilité favoriseraient l'adoption généralisée de la blockchain dans le secteur des soins de santé. De telles initiatives favorisent l'échange de données, l'intégrité des données et l'innovation dans l'ensemble de l'écosystème des soins de santé.

La technologie Blockchain révolutionne les soins de santé en améliorant la sécurité, l'interopérabilité et l'efficacité des données. Des dossiers de santé électroniques et du partage de données aux essais cliniques et à la gestion de la chaîne d'approvisionnement, la blockchain apporte confiance et transparence au secteur de la santé. Malgré les défis et les considérations, les développements et les collaborations en cours ouvrent la voie à un avenir dans lequel la blockchain jouera un rôle central dans la refonte de la prestation des soins de santé, de la recherche et des résultats pour les patients. L'adoption de la blockchain dans le domaine des soins de santé peut ouvrir de nouvelles opportunités, améliorer les soins aux patients et stimuler l'innovation dans l'écosystème des soins de santé.

Blockchain dans le gouvernement et les services publics

Dans le domaine du gouvernement et des services publics, où la transparence, la confiance et l'efficacité sont cruciales, la technologie blockchain est devenue une force de transformation. Cette section explore l'impact significatif de la blockchain dans le gouvernement et les services publics, ses principes fondamentaux et ses vastes applications. Des systèmes d'identité numérique et de vote aux marchés publics et aux registres fonciers, la blockchain révolutionne le fonctionnement des gouvernements et des institutions publiques, offrant une transparence, une sécurité et une efficacité opérationnelle accrues.

Une technologie de registre décentralisé et distribué, connue sous le nom de blockchain, permet l'enregistrement et la vérification sécurisés des transactions. Il établit la confiance, la transparence et l'immuabilité dans les transactions numériques. Dans le contexte du gouvernement et des services publics, la blockchain fournit un enregistrement inviolable et vérifiable des informations et des transactions.

La blockchain apporte une transparence et une responsabilité accrues au gouvernement et aux services publics. La nature décentralisée de la blockchain élimine les points de défaillance uniques, réduisant ainsi le risque de falsification et de corruption des données. L'utilisation de techniques cryptographiques garantit l'intégrité des données, renforçant ainsi la confiance et la responsabilité dans les opérations gouvernementales.

La technologie Blockchain offre une sécurité robuste des données et une protection de la vie privée au sein du gouvernement et des services publics. Grâce au cryptage et aux signatures numériques, la blockchain garantit la confidentialité et l'intégrité des informations sensibles. Les individus ont un plus grand contrôle sur leurs données personnelles, accordant l'accès à des entités spécifiques et préservant la confidentialité.

La blockchain rationalise les processus et améliore l'efficacité opérationnelle du gouvernement et des services publics. Les contrats intelligents automatisent et appliquent les accords, réduisant ainsi la paperasse, les charges administratives et les retards. L'automatisation et l'efficacité offertes par la technologie blockchain se traduisent par des économies de coûts et une meilleure prestation de services.

L'identité numérique et l'authentification peuvent être révolutionnées grâce à la technologie blockchain. Il permet des solutions d'identité numérique sécurisées et décentralisées. Les individus peuvent garder le contrôle de leurs données d'identité, réduisant ainsi le risque d'usurpation d'identité ainsi que de fraude. Les systèmes d'identité basés sur la blockchain rationalisent les processus d'authentification et permettent un accès efficace aux services publics.

La technologie blockchain peut améliorer la transparence, l'intégrité et la sécurité des systèmes de vote et des processus électoraux. En enregistrant et en vérifiant chaque vote sur la blockchain, il fournit une piste infalsifiable et vérifiable. Les systèmes de vote alimentés par la blockchain peuvent accroître la confiance, réduire la fraude électorale et garantir l'exactitude des résultats.

La transparence, l'efficacité et l'intégrité des processus de passation des marchés publics peuvent être améliorées grâce à la blockchain. En enregistrant les transactions de passation de marchés sur la blockchain, cela permet un meilleur suivi et un meilleur audit des dépenses publiques. La blockchain peut également améliorer la gestion de la chaîne d'approvisionnement, en réduisant la corruption et en garantissant l'authenticité des biens et services.

La blockchain peut transformer les registres fonciers et la gestion des droits de propriété. En enregistrant les transactions immobilières sur la blockchain, elle fournit un enregistrement transparent et immuable de la propriété. Cela réduit la fraude, les litiges et l'inefficacité dans l'administration foncière, facilitant ainsi les transactions immobilières sécurisées et transparentes.

La technologie blockchain peut améliorer la transparence et la responsabilité dans les finances publiques et la gestion budgétaire. En enregistrant les transactions financières sur la blockchain, il permet un suivi et un audit en temps réel des dépenses publiques. Les systèmes basés sur la blockchain peuvent réduire la corruption, accroître la confiance du public et améliorer la gestion budgétaire.

La mise en œuvre de la blockchain au sein du gouvernement et des services publics se heurte à des défis et à des considérations :
Des cadres et des normes réglementaires doivent être établis pour répondre aux considérations juridiques et politiques. Des cadres réglementaires clairs et adaptables sont nécessaires pour favoriser l'innovation tout en garantissant le respect des lois pertinentes. Des normes et protocoles communs sont également nécessaires pour garantir l'interopérabilité et la collaboration entre les systèmes basés sur la blockchain.

La confidentialité et la protection des données sont des préoccupations cruciales au sein du gouvernement et des services publics. Alors que les gouvernements traitent les données sensibles des citoyens, les réglementations en matière de confidentialité doivent être respectées. Trouver un équilibre entre transparence et confidentialité est crucial dans la conception de solutions blockchain pour les services g ouver nementaux.

L'éducation et l'acceptation des utilisateurs sont essentielles à une mise en œuvre réussie de la blockchain au sein du gouvernement et des services publics. Les parties prenantes doivent comprendre les avantages, les implications et les limites potentielles de la technologie blockchain. La collaboration avec les citoyens, les agents publics et les parties prenantes concernées est cruciale pour favoriser l'adoption et surmonter la résistance au changement.

L'intégration avec les systèmes existants pose des problèmes. Une intégration transparente est nécessaire pour garantir la compatibilité et l'interopérabilité des solutions blockchain avec les systèmes gouvernementaux établis. La collaboration entre les fournisseurs de technologie, les agences gouvernementales et les services informatiques est essentielle pour relever ce défi.

L'interopérabilité entre les différents systèmes de blockchain et la collaboration entre les entités gouvernementales favorisent l'adoption généralisée de la blockchain au sein du gouvernement et des services publics. Des normes et des protocoles communs doivent être établis pour faciliter un échange de données et une collaboration fluides.

L'intégration avec les technologies émergentes, comme l'intelligence artificielle et l'Internet des objets (IoT), peut révéler de nouvelles possibilités pour le gouvernement et les services publics. La combinaison de la blockchain avec l'IA et l'IoT peut améliorer l'analyse des données, automatiser les processus et améliorer la prise de décision dans l'administration publique.

La coopération internationale et le développement de modèles de gouvernance mondiale sont nécessaires pour exploiter tout le potentiel de la blockchain au sein du gouvernement et des services publics. La collaboration entre les gouvernements, les organisations internationales et les fournisseurs de technologies peut faciliter le partage des connaissances, la normalisation et l'harmonisation des politiques.

La technologie Blockchain révolutionne le gouvernement et les services publics en faisant progresser la transparence, l'efficacité et la confiance. Des systèmes d'identité numérique et de vote aux marchés publics et aux registres fonciers, la blockchain apporte des solutions sécurisées et décentralisées au secteur public. Malgré les défis et les considérations, les développements et les collaborations en cours ouvrent la voie à un avenir dans lequel la blockchain jouera un rôle central dans la refonte de la manière dont les gouvernements fonctionnent et fournissent des services publics. L'adoption de la blockchain au sein du gouvernement peut conduire à une transparence accrue, à une meilleure prestation de services et à une confiance accrue entre les citoyens et les institutions publiques.

Blockchain dans l'énergie et les services publics

La technologie blockchain est devenue une force de transformation dans le secteur de l'énergie et des services publics, où la fiabilité, la transparence et l'efficacité sont cruciales. Cette section examine l'impact considérable de la technologie blockchain dans les secteurs de l'énergie et des services publics, ainsi que ses principes fondamentaux et la grande variété d'applications de ces idées. La technologie Blockchain remodèle la production, la distribution et la consommation d'énergie en permettant une transparence, une sécurité et une durabilité accrues dans de nombreuses applications différentes, du commerce d'énergie peer-to-peer et de la gestion du réseau aux certificats d'énergie renouvelable et à la traçabilité de la chaîne d'approvisionnement.

La technologie connue sous le nom de blockchain est un registre décentralisé et distribué qui permet l'enregistrement sécurisé des transactions ainsi que leur vérification. Dans les transactions numériques, il établit l'immuabilité, la transparence et la confiance. Dans le contexte des secteurs de l'énergie et des services publics, la technologie blockchain fournit un enregistrement des transactions et des données énergétiques qui ne peuvent pas être modifiées et peuvent être auditées.

Les secteurs de l'énergie et des services publics bénéficieront d'une ouverture et d'une responsabilité accrues grâce à la technologie blockchain. En raison de la conception décentralisée de la blockchain, il n'existe aucun point de défaillance unique, ce qui réduit considérablement le risque de manipulation et de corruption des données. L'utilisation de procédures cryptographiques garantit l'intégrité des données, ce qui augmente à la fois la confiance et la responsabilité au sein des opérations énergétiques. Dans le domaine de l'énergie et des services publics, la technologie blockchain offre une solution complète de sécurité des données ainsi que la protection de la vie privée des utilisateurs. La technologie Blockchain protège les informations sensibles en les chiffrant et en obligeant les utilisateurs à signer des copies numériques des transactions impliquant ces informations. Les individus ont un plus grand contrôle sur leurs données énergétiques, préservent leur confidentialité et n'accordent l'accès qu'à certaines entités.

La technologie Blockchain peut être appliquée au secteur de l'énergie et des services publics pour améliorer l'efficacité opérationnelle et optimiser les processus. Les contrats intelligents permettent d'automatiser et de faire respecter les accords, ce qui permet de réduire la paperasse, les tracas administratifs et les retards. L'automatisation et l'efficacité accrue offertes par la technologie blockchain entraînent une diminution des dépenses opérationnelles et une qualité de service améliorée.

Le commerce d'énergie peer-to-peer est rendu possible par la technologie blockchain, qui permet aux particuliers et aux entreprises d'acheter et de vendre de l'énergie directement les uns aux autres. Les contrats intelligents automatisent les transactions, garantissant un règlement sécurisé et transparent. Les systèmes technologiques basés sur la blockchain facilitent également la gestion décentralisée du réseau, ce qui améliore la distribution de l'énergie et contribue à maintenir l'équilibre entre l'offre et la demande.

L'utilisation de la technologie blockchain a le potentiel d'améliorer les processus d'émission et d'échange de crédits carbone et de certificats d'énergie renouvelable. La production et l'utilisation d'énergie renouvelable sont toutes deux enregistrées sur la blockchain, ce qui donne lieu à un enregistrement à la fois visible et immuable. Cela rend la vérification, le suivi et l'échange de crédits carbone et de certificats pour les énergies renouvelables plus efficaces, ce qui encourage la durabilité et fournit des incitations financières pour la production d'énergie propre.

La gestion des données énergétiques peut être améliorée grâce à la blockchain, qui permettrait un échange sûr et efficace d'informations relatives à l'énergie. Il permet à une grande variété de parties prenantes, notamment les producteurs d'énergie, les consommateurs et les gestionnaires de réseau, d'accéder aux données en temps réel et de les partager entre elles. Cela améliore l'optimisation du réseau, encourage une plus grande économie d'énergie et facilite la mise en œuvre de programmes efficaces de réponse à la demande.

Les chaînes d'approvisionnement énergétique peuvent devenir plus transparentes et traçables grâce à la technologie blockchain. Les parties prenantes sont en mesure de valider l'authenticité, l'origine et la viabilité à long terme des sources d'énergie lorsque chaque étape du processus de fabrication et de distribution est enregistrée sur une blockchain. Cela renforce la responsabilité dans le secteur de l'énergie, encourage un approvisionnement responsable et minimise le nombre de contrefaçons qui se produisent.

La mise en œuvre de la technologie blockchain dans les secteurs de l'énergie et des services publics comporte des défis et nécessite la prise en compte des éléments suivants :

Les réseaux blockchain doivent être capables de gérer d'énormes volumes de transactions sans compromettre leur vitesse ou leur efficacité afin de suivre les quantités massives de données générées par les systèmes énergétiques. Pour trouver une solution à ce problème, des options d'évolutivité telles que des protocoles de couche 2 ou des transactions hors chaîne doivent être créées.

Le cadre réglementaire entourant la technologie blockchain dans le secteur de l'énergie est encore en cours d'élaboration. Les cadres réglementaires doivent être modifiés afin qu'ils puissent gérer les qualités et implications uniques de la technologie blockchain. L'établissement de normes et de réglementations claires nécessite une collaboration étroite entre les autorités gouvernementales, les parties prenantes de l'industrie et les entreprises qui fournissent les technologies pertinentes.

Il est essentiel pour l'adoption généralisée de la technologie blockchain d'avoir une interface transparente avec l'infrastructure et les processus énergétiques déjà existants.

Des normes d'interopérabilité doivent être développées afin d'assurer la compatibilité et l'échange de données entre les systèmes basés sur la technologie blockchain et les systèmes traditionnels. Pour résoudre efficacement cet obstacle, les acteurs du secteur énergétique et les fournisseurs de technologies pertinentes devront travailler ensemble.

Les normes de confidentialité et de protection des données doivent être prises en compte lorsqu'il s'agit de systèmes énergétiques, car elles impliquent des données sensibles des clients. Les mises en œuvre de la technologie blockchain devront répondre aux préoccupations concernant la confidentialité et garantir le respect des règles applicables en matière de protection des données. Afin d'assurer la sécurité des informations clients, il est essentiel de mettre en œuvre des contrôles d'accès et des stratégies d'anonymisation des données.

L'intégration de l'Internet des objets et des algorithmes d'intelligence artificielle a le potentiel d'ouvrir de nouvelles portes d'opportunités pour les secteurs de l'énergie et des services publics. Combinés à la technologie blockchain, les appareils Internet des objets sont capables d'échanger des données de manière sécurisée et de faciliter les échanges d'énergie automatisés. L'utilisation d'algorithmes d'IA peut améliorer la gestion du réseau, réduire la consommation globale d'énergie et prévoir les modèles de demande des consommateurs.

Le développement de marchés énergétiques basés sur la blockchain et de plateformes d'échanges peer-to-peer peut offrir aux consommateurs plus de contrôle et leur permettre d'effectuer plus facilement des transactions avec des sources d'énergie décentralisées. Ces plateformes permettent aux particuliers et aux entreprises de s'engager dans des échanges directs d'énergie, ce qui encourage une saine concurrence et stimule la production d'énergie renouvelable.

La technologie du grand livre distribué qui sous-tend la blockchain peut jouer un rôle dans la création de micro-réseaux et de réseaux énergétiques décentralisés. Ces systèmes énergétiques décentralisés ont la capacité de fonctionner soit indépendamment, soit en combinaison avec le réseau primaire. Quoi qu'il en soit, ils favorisent la résilience énergétique, l'autosuffisance et l'intégration des sources d'énergie renouvelables.

En favorisant une plus grande transparence, efficacité et durabilité, la technologie blockchain révolutionne le secteur de l'énergie et des services publics. Des solutions innovantes aux problèmes qui affectent le secteur de l'électricité peuvent être trouvées grâce à l'utilisation de la technologie blockchain. Ces solutions vont du commerce d'énergie peer-to-peer et de la gestion du réseau aux certificats d'énergie renouvelable et à la traçabilité de la chaîne d'approvisionnement. Malgré les obstacles et les facteurs à prendre en compte, les innovations et collaborations en cours ouvrent la voie à un avenir dans lequel la blockchain jouera un rôle important dans la transformation du paysage de l'industrie énergétique. Si les secteurs de l'énergie et des services publics adoptent la technologie blockchain, cela pourrait ouvrir la voie à un avenir plus décentralisé, plus résilient et plus respectueux de l'environnement.

ChapitreIII : Comprendrelamiseen œuvre de la blockchain

Blockchains publiques ou privées

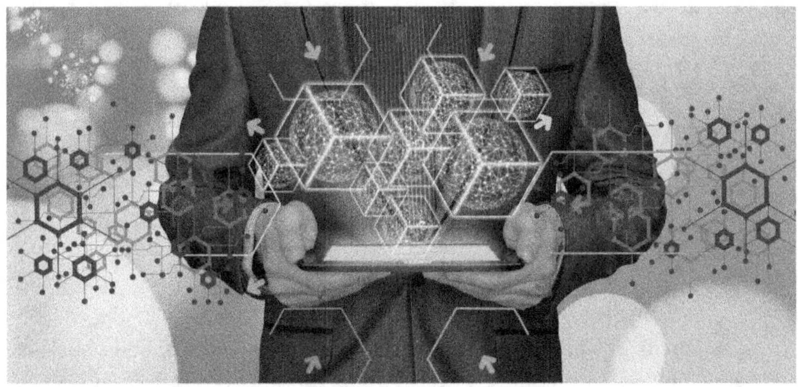

La technologie Blockchain a transformé un certain nombre d'industries en offrant une plate-forme sûre, décentralisée et ouverte pour le stockage et les transactions de données. Il existe une différence fondamentale entre les blockchains publiques et privées lorsqu'on parle de blockchains. Cette section explore les distinctions entre les blockchains publiques et privées, ainsi que leurs caractéristiques uniques et les cas d'utilisation appropriés. Nous pouvons mieux apprécier les différences entre ces deux types de blockchains et comment elles peuvent être appliquées dans divers contextes et secteurs si nous sommes conscients de ces différences.

Les blockchains publiques sont des réseaux décentralisés auxquels tout le monde peut rejoindre et participer en matière de confirmation et de vérification des transactions. Ces blockchains fonctionnent sur des réseaux peer-to-peer, où de nombreux nœuds coopèrent pour maintenir l'intégrité et la sécurité du réseau. Les blockchains publiques de Bitcoin et Ethereum en sont deux exemples.

Les blockchains publiques se caractérisent par leur ouverture et leur nature sans autorisation. Ils sont accessibles à toute personne souhaitant participer, sans nécessiter d'autorisations ou de restrictions spécifiques. Cette nature inclusive permet un niveau élevé de décentralisation et de transparence. Des mécanismes de consensus, tels que le Proof-of-Work (PoW) ou le Proof-of-Stake (PoS), sont utilisés pour parvenir à un accord sur la validité des transactions et maintenir l'intégrité de la blockchain. Les blockchains publiques intègrent souvent des jetons natifs (crypto-monnaies) pour inciter les participants et fournir un moyen de valeur transactionnelle au sein du réseau. Un élément clé des blockchains publiques est la transparence, car elles offrent des historiques de transactions vérifiables, permettant à quiconque de vérifier la validité des transactions et garantissant l'immuabilité de la blockchain.

Les blockchains privées, également appelées blockchains autorisées, sont des réseaux restreints où la participation et l'accès sont contrôlés par une autorité centralisée ou un consortium d'organisations. Ces blockchains sont généralement utilisées pour des applications spécifiques ou au sein d'écosystèmes fermés, tels que les solutions d'entreprise ou la gestion de la chaîne d'approvisionnement.

Les blockchains privées fonctionnent de manière plus centralisée que les blockchains publiques. Ils ne sont accessibles qu'à un groupe spécifique de participants qui sont autorisés à rejoindre et à contribuer au réseau. Cette restriction permet un plus grand contrôle et une plus grande confidentialité. Des mécanismes de consensus, tels que la tolérance aux pannes byzantine pratique (PBFT) ou la preuve de participation déléguée (DPoS), sont utilisés pour parvenir à un consensus entre les participants autorisés. Les blockchains privées sont régies par une autorité centrale ou un consortium d'organisations qui supervisent les opérations, les règles et les autorisations du réseau. Une confidentialité accrue est une caractéristique clé des blockchains privées, car les informations partagées au sein du réseau ne sont visibles que par les participants autorisés.

La distinction fondamentale entre les blockchains publiques et privées réside dans leurs niveaux de décentralisation et de gouvernance. Les blockchains publiques sont des réseaux décentralisés sans autorité centrale, permettant à quiconque de participer et de contribuer au processus de validation du réseau. En revanche, les blockchains privées fonctionnent de manière plus centralisée, avec une entité dirigeante ou un consortium contrôlant l'accès, les autorisations et la prise de décision.

La transparence et la confidentialité différencient également les blockchains publiques et privées. Les blockchains publiques donnent la priorité à la transparence, car toutes les transactions sont visibles et auditables par tous les utilisateurs du réseau. Cette transparence renforce la confiance et la responsabilité. Les blockchains privées, en revanche, donnent la priorité à la vie privée et à la confidentialité, limitant la visibilité aux participants autorisés. Cela rend les blockchains privées adaptées aux secteurs ou aux applications où la confidentialité des données est cruciale, comme la santé ou la finance.

L'évolutivité et les performances présentent un autre facteur contrasté. Les blockchains publiques sont confrontées à des défis en termes d'évolutivité et de performances en raison de leur nature ouverte et sans autorisation. Les mécanismes étendus de participation et de consensus peuvent entraîner des vitesses de transaction plus lentes et des besoins en ressources plus élevés. En revanche, les blockchains privées peuvent atteindre une évolutivité et des performances plus élevées en contrôlant le nombre de participants, en réduisant la complexité des algorithmes de consensus et en exploitant une infrastructure réseau plus efficace.

Les blockchains publiques et privées trouvent des applications dans différents secteurs et cas d'utilisation :

Les blockchains publiques sont bien adaptées aux applications qui nécessitent des transactions sans confiance et une participation ouverte. Ils ont gagné en importance dans des domaines tels que la crypto-monnaie, la finance décentralisée (DéFi) et les applications décentralisées (dApps). Les blockchains publiques permettent des transactions sans confiance, des paiements transfrontaliers et des systèmes financiers ouverts qui fonctionnent sans intermédiaires. Ils fournissent également une plate-forme de tokenisation, permettant la création et l'échange d'actifs numériques.

Les blockchains privées trouvent des applications dans des secteurs où la confidentialité, le contrôle et l'efficacité sont essentiels. Par exemple, la gestion de la chaîne d'approvisionnement peut bénéficier de blockchains privées pour suivre et vérifier la provenance des produits, garantissant ainsi l'authenticité et la qualité des marchandises. Les blockchains privées trouvent également des applications dans le domaine de la santé, où le partage sécurisé des données et l'interopérabilité entre les prestataires de soins de santé sont essentiels. En utilisant des blockchains privées, les organismes de santé peuvent échanger en toute sécurité les données des patients, garantissant ainsi la confidentialité et le respect des réglementations.

Outre les blockchains publiques et privées, il existe une approche hybride combinant des éléments des deux types. Les blockchains hybrides offrent les avantages de la décentralisation et de la transparence tout en permettant un accès contrôlé et une confidentialité. Ces blockchains conviennent aux scénarios dans lesquels différents niveaux d'accès et d'autorisations sont requis entre les participants.

L'interopérabilité entre les blockchains publiques et privées est un domaine d'intérêt croissant. Des efforts sont déployés pour établir des normes et des protocoles permettant une communication et un échange de données transparents entre différents réseaux blockchain. L'interopérabilité permet le transfert efficace d'actifs et de données entre les blockchains, facilitant ainsi la collaboration et élargissant les applications potentielles de la technologie blockchain.

Les blockchains publiques et privées offrent des caractéristiques et des avantages distincts, répondant à différents cas d'utilisation et exigences du secteur. Les blockchains publiques donnent la priorité à la décentralisation, à la transparence et à l'inclusivité, ce qui les rend adaptées aux applications qui nécessitent des transactions sans confiance et une participation ouverte. Les blockchains privées, en revanche, donnent la priorité à la confidentialité, au contrôle et à l'efficacité, ce qui les rend bien adaptées aux secteurs où la confidentialité des données est essentielle.

Alors que les blockchains publiques ont gagné en importance dans des domaines tels que la crypto-monnaie et la finance décentralisée, les blockchains privées trouvent des applications dans des secteurs tels que la gestion de la chaîne d'approvisionnement et la santé. L'émergence de blockchains hybrides et les efforts d'interopérabilité élargissent encore les possibilités de la technologie blockchain.

Comprendre les contrastes et les cas d'utilisation des blockchains publiques et privées nous permet de prendre des décisions éclairées sur le type de blockchain le plus adapté à des applications et des secteurs spécifiques. En exploitant la puissance de la technologie blockchain, nous pouvons ouvrir de nouvelles opportunités pour des transactions sécurisées, efficaces et transparentes à l'ère numérique.

Défis d'interopérabilité et d'évolutivité

Une technologie de registre distribué connue sous le nom de blockchain est devenue une force révolutionnaire, transformant diverses industries en fournissant des solutions sécurisées, transparentes et décentralisées. Cependant, à mesure que l'utilisation de la technologie blockchain se généralise, les difficultés liées à l'interopérabilité et à l'évolutivité sont devenues au premier plan. Cette section approfondit la complexité des difficultés d'interopérabilité et d'évolutivité que rencontrent actuellement les réseaux blockchain. Nous discuterons du besoin critique de solutions évolutives ainsi que du besoin d'interopérabilité dans un écosystème blockchain actuellement fragmenté. Si nous parvenons à comprendre ces défis, nous serons mieux équipés pour naviguer dans l'avenir de la technologie blockchain et réaliser tout son potentiel.

Lorsqu'il s'agit de créer l'interopérabilité, les réseaux blockchain se heurtent à un certain nombre d'obstacles. Certaines des difficultés les plus importantes incluent les transactions inter-chaînes, la structure fragmentée de l'environnement blockchain, la grande variété de protocoles et de normes, les problèmes de communication et de transmission de données, etc.

L'interopérabilité est confrontée à un énorme défi en raison de la fragmentation de l'écosystème de la technologie blockchain. La prolifération de réseaux blockchain adaptés à des cas d'utilisation ou à des secteurs particuliers rend difficile le maintien d'une communication et d'un échange de données continus, car il n'existe pas d'architecture standard. Les tentatives d'interopérabilité sont rendues beaucoup plus difficiles par le fait que les différents réseaux blockchain utilisent une variété de protocoles et de normes. Il peut être difficile d'établir la compatibilité et l'interopérabilité entre les réseaux, car chaque réseau peut avoir sa propre méthode de consensus, ses propres structures de données, ses propres langages de contrats intelligents et ses propres cadres de gouvernance.

Les différents formats de données, procédures de validation des transactions et conceptions de réseau des différents réseaux blockchain présentent des difficultés pour la communication et l'échange de données entre les réseaux. Afin de transférer en toute sécurité des actifs ou des données entre différents réseaux blockchain et de combler le fossé de communication qui existe entre eux, vous devrez surmonter les défis technologiques et opérationnels qui existent. L'obtention d'un consensus au sein de réseaux aux caractéristiques variables ajoute un nouveau niveau de complexité au processus déjà difficile des transactions inter-chaînes et des transferts d'actifs.

Lorsqu'il s'agit d'exploiter tout le potentiel de la technologie blockchain, l'interopérabilité est un facteur absolument essentiel. Il permet d'avoir un flux continu de données, de collaborer, d'être plus efficace, de dépenser moins d'argent, de s'intégrer entre les secteurs et de créer de nouveaux cas d'utilisation.

L'interopérabilité entre les différents réseaux blockchain facilite la circulation transparente des données et la collaboration des réseaux. Il permet le partage d'informations et de ressources, ainsi que la collaboration entre différents réseaux, ce qui contribue à encourager l'innovation et la synergie. Un écosystème plus robuste et plus lié peut être créé par les entreprises si elles exploitent les avantages offerts par les différents réseaux blockchain.

L'interopérabilité améliore l'efficacité opérationnelle et réduit les coûts en rationalisant les procédures, ce qui élimine le besoin d'intermédiaires et minimise le nombre de rapprochements manuels effectués. Il permet d'échanger des données de manière automatisée et directe, réduisant ainsi le nombre de duplications et d'inefficacité qui se produisent lors de l'engagement avec de nombreux réseaux blockchain.

L'interopérabilité rend possible l'intégration de la technologie blockchain dans plusieurs secteurs, ce qui rend possible le déploiement de la technologie blockchain dans une variété de cas d'utilisation différents. Les organisations sont en mesure d'exploiter les avantages offerts par la technologie blockchain dans un ensemble diversifié d'applications si elles intègrent les réseaux blockchain de la manière la plus transparente possible dans divers secteurs, notamment la gestion de la chaîne d'approvisionnement, la santé, la finance et l'énergie.

À mesure que les réseaux blockchain gagnent en taille et en popularité, l'un des défis les plus importants auxquels ils sont confrontés est la mise à l'échelle de leurs opérations. Certaines des difficultés d'évolutivité les plus évidentes sont les demandes accrues du réseau, les faibles vitesses de transaction, le débit limité, la consommation de ressources et les complications de gouvernance.

L'expansion des réseaux blockchain entraîne une augmentation des exigences imposées à leur infrastructure sous-jacente. La croissance exponentielle des volumes de transactions, des exigences de stockage de données et des demandes de traitement met à rude épreuve la capacité d'évolutivité des conceptions de blockchain existantes. En conséquence, les taux de transaction deviennent plus lents et le débit limité des réseaux blockchain rend difficile la gestion simultanée d'un volume élevé de transactions.

Des problèmes d'évolutivité surviennent pour les réseaux blockchain en raison de la consommation de ressources et des coûts encourus. À mesure que la taille du réseau augmente, le montant d'argent nécessaire au fonctionnement et à la maintenance de l'infrastructure augmente considérablement. De ce fait, une adoption généralisée peut être entravée, ce qui est particulièrement problématique pour les personnes ou les organisations ayant peu accès aux ressources.

Les méthodes de consensus et les modèles de gouvernance du réseau sont affectés par les défis de mise à l'échelle. Parce qu'elles nécessitent beaucoup de ressources, les méthodes de consensus traditionnelles telles que la preuve de travail (PoW) pourraient rencontrer des problèmes de mise à l'échelle à l'avenir. À mesure que le réseau s'étend, les modèles de gouvernance peuvent avoir du mal à s'adapter aux niveaux croissants de complexité et aux exigences imposées à la prise de décision.

Il est essentiel, pour l'adoption généralisée des réseaux blockchain ainsi que pour la réalisation de leur plein potentiel, que des efforts soient déployés pour surmonter les difficultés d'interopérabilité et d'évolutivité des réseaux blockchain. Afin de trouver

un

moyen de surmonter ces obstacles, un certain nombre de solutions et de stratégies potentielles sont étudiées.

La normalisation et l'utilisation de protocoles sont absolument nécessaires pour atteindre l'objectif d'interopérabilité. L'établissement de normes et de protocoles communs peut permettre à des réseaux blockchain disparates de communiquer et d'échanger des données de manière à la fois simple et efficace. Les plates-formes d'interopérabilité, les protocoles de communication inter-chaînes et les solutions middleware jouent tous le rôle d'intermédiaires, facilitant le transfert et l'intégration des données entre différents réseaux blockchain.

Des approches telles que le partitionnement et les solutions de couche 2 sont actuellement étudiées pour leur potentiel à améliorer l'évolutivité. La pratique du sharding consiste à séparer la blockchain en sous-ensembles plus petits appelés fragments. Cela permet le traitement des transactions en parallèle et améliore l'évolutivité de la blockchain. Les solutions de couche 2, telles que les canaux de paiement ou les canaux étatiques, suppriment certaines transactions hors chaîne tout en préservant la sécurité et l'intégrité de la blockchain. Afin de résoudre efficacement les difficultés d'évolutivité, il est essentiel d'effectuer des tâches telles que le renforcement des modèles de gouvernance, la modernisation de l'infrastructure réseau et l'optimisation des méthodes de consensus.

Les progrès de la technologie blockchain sont en grande partie motivés par des difficultés liées à l'interopérabilité et à l'évolutivité. Il est essentiel de surmonter ces obstacles pour parvenir à une large acceptation de la technologie blockchain et tirer pleinement parti de tous ses avantages potentiels. L'écosystème blockchain peut surmonter avec succès la complexité qui nous attend si la collaboration est encouragée, les normes acceptées et de nouvelles solutions développées.

Les efforts d'interopérabilité permettent d'avoir une collaboration, un échange de données et une intégration transparente entre différentes industries. Les solutions d'évolutivité donnent aux réseaux blockchain la flexibilité nécessaire pour gérer la demande croissante, accélérer les délais de transaction et réduire les coûts de transaction. La technologie blockchain a le potentiel de poursuivre sa révolution dans tous les secteurs, ainsi que de stimuler l'innovation et de générer de nouvelles opportunités si ces difficultés sont surmontées.

Pour développer un écosystème blockchain plus interconnecté, plus productif et accessible à un plus grand nombre de personnes, il est essentiel d'accorder la priorité à l'interopérabilité et à l'évolutivité à mesure que l'environnement blockchain continue d'évoluer. Nous pouvons surmonter ces obstacles et découvrir le pouvoir transformationnel de la technologie blockchain dans une variété d'industries et de cas d'utilisation si nous poursuivons nos efforts de recherche et développement, ainsi que nos efforts de partenariat.

Réglementations et considérations juridiques pour l'adoption de la blockchain

Une technologie de registre distribué connue sous le nom de blockchain est devenue une force perturbatrice, offrant la promesse d'une transparence, d'une sécurité et d'une efficacité accrues dans une variété de secteurs. En revanche, la mise en œuvre généralisée de la technologie blockchain rend plus importante que jamais la résolution des problèmes réglementaires et juridiques qui y sont associés. La législation et les questions juridiques liées à l'adoption de la blockchain sont examinées dans cette section, ainsi que les opportunités et les problèmes que ces réglementations et considérations posent. Nous pouvons encourager le déploiement de la technologie blockchain de manière à la fois responsable et généralisée si nous suivons la voie tracée par la conformité réglementaire et les cadres juridiques.

En raison du potentiel de la technologie à perturber les entreprises et à transformer la manière dont les transactions numériques sont effectuées, des cadres réglementaires sont nécessaires. Ces réglementations servent un certain nombre de raisons importantes, notamment la protection des consommateurs, le maintien de la stabilité du marché et la facilitation du respect de la lutte contre le blanchiment d'argent et la connaissance des exigences de vos clients.

La protection des intérêts des utilisateurs finaux est un élément essentiel de la législation relative à la blockchain. Les réglementations protègent les droits et les intérêts des utilisateurs en les protégeant des risques potentiels associés aux transactions blockchain, tels que la fraude et le vol d'identité. En outre, la réglementation joue un rôle important en garantissant la stabilité continue du marché ainsi que la sécurité des investisseurs. Les régulateurs sont en mesure de créer une atmosphère qui encourage la confiance dans les actifs basés sur la blockchain en créant des normes pour les offres initiales de pièces (ICO), les échanges de crypto-monnaies et la prévention des manipulations de marché.

Le respect des normes AML et KYC est un autre aspect crucial abordé par la législation sur la blockchain. Ces restrictions contribuent à la lutte contre le blanchiment d'argent, le financement des organisations terroristes et d'autres actions illégales rendues possibles par la cryptomonnaie. Les régulateurs sont en mesure de réduire les risques liés aux activités illégales en promulguant des réglementations exigeant une identification et un contrôle adéquats des individus et des entreprises impliqués dans les transactions blockchain.

Même si des réglementations sont nécessaires à la bonne mise en œuvre de la technologie blockchain, il reste encore un certain nombre d'obstacles à lever avant de pouvoir développer des cadres réglementaires efficaces et flexibles.

L'un des obstacles les plus importants réside dans les progrès fulgurants de la technologie blockchain, qui précède souvent l'établissement de nouvelles législations. La nature décentralisée de la blockchain présente des problèmes pour les cadres réglementaires existants, ce qui signifie que ces cadres devront subir des mises à niveau et des changements continus afin de suivre le rythme rapide de l'innovation technique.

La réglementation de la technologie blockchain se heurte à un certain nombre d'obstacles importants, notamment des questions juridictionnelles et transfrontalières. Parce qu'elles transcendent les frontières régionales, les opérations blockchain soulèvent des défis quant à savoir qui devrait avoir compétence et comment les réglementations devraient être appliquées. Déterminer quel cadre réglementaire est applicable et déterminer comment faire respecter sa conformité peut être un processus complexe qui nécessite une coopération internationale et une harmonisation des réglementations.

Un autre problème auquel les régulateurs sont confrontés est de trouver un équilibre entre la promotion de l'innovation et la protection des investisseurs. Trouver l'équilibre optimal est absolument nécessaire afin d'encourager les progrès de la technologie blockchain et de protéger les investisseurs contre d'éventuels inconvénients. Des lois inadéquates ou trop strictes peuvent rendre les investisseurs vulnérables aux stratagèmes frauduleux, tandis que des restrictions trop strictes peuvent entraver l'innovation. Il est impératif, pour l'expansion continue et durable de l'écosystème blockchain, de trouver le bon équilibre.

La prise en compte d'un certain nombre de facteurs réglementaires importants est nécessaire afin d'encourager le déploiement responsable de la technologie blockchain. L'adoption de la technologie blockchain nécessite l'établissement de directives réglementaires claires. La classification des actifs basés sur la blockchain, les offres initiales de pièces (ICO), les offres de jetons et d'autres aspects pertinents sont tous régis par des réglementations à la fois claires et approfondies. Ce niveau de transparence contribue à cultiver la confiance et encourage les participants à participer de manière responsable au sein de l'écosystème blockchain.

La protection des informations personnelles des utilisateurs et la confidentialité de leurs données constituent un aspect réglementaire important. Il existe un risque que l'ouverture intrinsèque de la technologie blockchain entre en conflit avec les réglementations sur la confidentialité des données telles que le règlement général sur la protection des données. Il est essentiel de trouver un équilibre entre confidentialité et transparence afin de garantir que les données personnelles sont traitées de manière sécurisée et conformément à toute législation applicable.

Les considérations juridiques entrent en jeu dans le recours aux contrats intelligents, qui sont des accords exécutables d'eux-mêmes et rédigés sur la blockchain. Des inquiétudes ont été soulevées quant à leur capacité à être appliquées légalement, aux systèmes de résolution des litiges et aux responsabilités potentielles impliquées. Il est nécessaire que les cadres réglementaires répondent à ces préoccupations afin de garantir la sécurité juridique et de sauvegarder les intérêts de toutes les parties concernées.

Afin de mettre en œuvre la technologie blockchain de manière responsable, il est nécessaire de prendre en compte un certain nombre de facteurs juridiques en plus des considérations réglementaires.

La protection des droits de propriété intellectuelle (DPI) est une préoccupation extrêmement importante dans l'industrie de la blockchain. Des problèmes de DPI sont apparus en raison de la nature open source de la technologie blockchain ainsi que de son potentiel d'innovation décentralisée. En termes de protection de leur propriété intellectuelle dans l'environnement blockchain, les organisations devront surmonter les difficultés liées aux brevets, aux droits d'auteur et aux marques. Cela leur permettra de soutenir à la fois l'innovation ouverte et la collaboration.

Une autre considération juridique dans le déploiement de la technologie blockchain est l'utilisation de relations contractuelles et de contrats juridiques intelligents. Il est possible que les cadres juridiques traditionnels doivent être modifiés afin de prendre en compte les contrats intelligents et la validité de leurs termes. Lorsqu'elles concluent un contrat intelligent, les parties ont la responsabilité de prendre en compte les implications juridiques potentielles, les défis de compétence et la nécessité de processus alternatifs de résolution des litiges compatibles avec la technologie blockchain.

L'introduction de la technologie blockchain soulève des problèmes juridiques supplémentaires dans les domaines de la gouvernance et de la responsabilité. Les réseaux blockchain fonctionnent souvent dans des contextes décentralisés, remettant en question les idées établies en matière de responsabilité et d'imputabilité. Dans le contexte de systèmes décentralisés et d'organisations indépendantes, la détermination des obligations légales, l'attribution des responsabilités et l'établissement de méthodes de résolution des conflits deviennent de la plus haute importance.

Il est absolument nécessaire que les régulateurs et les acteurs du secteur travaillent ensemble pour réussir à naviguer dans un paysage réglementaire complexe. Une communication ouverte, l'échange d'informations et la résolution collaborative de problèmes sont autant d'éléments utiles au processus de formulation de règles efficaces qui établissent un équilibre optimal entre innovation et protection.

Les participants du secteur sont en mesure de partager leurs idées sur les problèmes auxquels ils sont confrontés ainsi que sur les cas d'utilisation possibles, ainsi que sur les implications pratiques de la technologie blockchain. Ces informations peuvent être utilisées par les régulateurs pour établir des politiques qui encouragent l'innovation tout en abordant les risques pouvant être présents. La création d'un cadre réglementaire soutenant la mise en œuvre responsable de la technologie blockchain nécessite une collaboration étroite entre l'industrie et les organismes de réglementation.

La technologie blockchain pouvant être mise en œuvre partout dans le monde, la collaboration internationale et la convergence réglementaire sont de la plus haute importance. L'établissement de normes comparables, la facilitation des transactions transfrontalières et l'atténuation de l'arbitrage réglementaire sont autant de résultats possibles des efforts de collaboration entre les gouvernements, les agences de réglementation et les parties prenantes de l'industrie.

Grâce à la coopération internationale, nous pourrons peut-être surmonter les problèmes posés par différentes juridictions, unifier différentes approches réglementaires et créer des mécanismes pour le partage sécurisé des données au-delà des frontières internationales. Les pays sont en mesure de créer une atmosphère qui encourage l'adoption responsable de la technologie blockchain à l'échelle mondiale lorsqu'ils collaborent entre eux pour ce faire.

Alors que la technologie blockchain continue de bousculer les entreprises et de transformer l'environnement numérique, il est essentiel que les enjeux réglementaires et juridiques soient pris en compte afin de faciliter l'adoption de cette technologie de manière responsable et généralisée. Un défi sensible qui nécessite des cadres réglementaires adaptables, une orientation claire et une collaboration entre l'industrie et les régulateurs consiste à trouver un équilibre entre l'innovation, la protection des consommateurs et la confiance des investisseurs.

Nous serons en mesure d'exploiter tout le potentiel de la technologie blockchain si nous adoptons une approche proactive pour résoudre les problèmes réglementaires et les considérations juridiques. Cela nous permettra de le faire tout en maintenant la conformité, la confiance et la protection des parties prenantes. Nous pouvons traverser le paysage réglementaire et promouvoir un avenir où la technologie blockchain prospère de manière responsable et contrôlée si nous travaillons ensemble, coopérons au niveau international et maîtrisons parfaitement les qualités uniques de la technologie blockchain.

ChapitreIV : Écosystèmeblockchainetacteursclés

Aperçu des principales crypto-monnaies et jetons

Le paysage financier a été modifié par l'introduction des crypto-monnaies et des jetons, qui ont introduit de nouveaux actifs numériques et des mécanismes décentralisés d'échange de valeurs. Cette section présente un aperçu des crypto-monnaies et des jetons les plus populaires, analysant leur historique, la technologie qui les sous-tend et les caractéristiques distinctives qu'ils possèdent. En acquérant une meilleure compréhension de l'environnement des actifs numériques, nous sommes en mesure d'obtenir un aperçu de l'écosystème complexe des crypto-monnaies et des jetons.

Bitcoin (BTC), la première crypto-monnaie au monde et actuellement celle dont le nom est le plus reconnu, a été développée par une personne ou un groupe inconnu du nom de Satoshi Nakamoto. Il parvient à un consensus grâce à l'utilisation d'un algorithme de preuve de travail (PoW) et fonctionne sur un réseau peer-to-peer décentralisé appelé blockchain. L'immuabilité, la transparence et une offre de monnaie strictement plafonnée à 21 millions sont les trois caractéristiques déterminantes du Bitcoin. En raison de son acceptation et de son utilisation généralisée, il peut être utilisé à la fois comme moyen de stockage de valeur et comme moyen d'échange.

Ethereum (ETH) est une application décentralisée (dApps) construite sur la technologie blockchain qui a été la première à introduire le concept de contrats intelligents. Ethereum, créée par Vitalik Buterin, est une plateforme qui facilite le développement d'applications décentralisées (dApps) ainsi que la distribution de jetons. Ether, en abrégé ETH, est la crypto-monnaie développée spécifiquement pour être utilisée sur le réseau Ethereum. La nature Turing-complète du langage de programmation d'Ethereum permet à la blockchain d'héberger l'exécution de contrats sophistiqués et programmables, ce qui en fait l'une des caractéristiques déterminantes de la plateforme.

Ripple (XRP) est une crypto-monnaie qui promet de rendre les transactions internationales plus efficaces et plus abordables. Elle fait des affaires sur le réseau Ripple Net et utilise XRP, sa crypto-monnaie native, comme monnaie relais pour permettre le transfert de valeur entre d'autres monnaies fiduciaires. Les processus traditionnels de preuve de travail et de preuve de participation ne sont pas équivalents à l'algorithme de consensus de Ripple, le XRP Ledger. La mission principale de Ripple est de fournir aux institutions financières des produits et services qui améliorent l'efficacité des paiements et des envois de fonds internationaux.

Le Litecoin (LTC), parfois appelé l'argent de l'or du Bitcoin, est une crypto-monnaie peer-to-peer développée par Charlie Lee. Il est basé sur un algorithme de hachage différent (Scrypt) et à des temps de génération de blocs plus rapides que Bitcoin, bien qu'il ait de nombreux points communs avec Bitcoin. Le Litecoin est une crypto-monnaie alternative qui tente d'améliorer le Bitcoin dans un certain nombre de domaines clés, notamment la rapidité avec laquelle les transactions sont confirmées et l'efficacité du processus de minage, tout en adhérant aux concepts essentiels de décentralisation et de sécurité.

Le réseau Bitcoin a connu un hard fork, qui a abouti à la création de la crypto-monnaie Bitcoin Cash (BCH). Il a été conçu pour résoudre les problèmes d'évolutivité tout en facilitant des transactions à la fois plus rapides et moins coûteuses. Bitcoin Cash augmente la limite de taille des blocs, ce qui permet d'exécuter un plus grand nombre de transactions dans chaque bloc. Il conserve de nombreuses caractéristiques du Bitcoin tout en mettant davantage l'accent sur l'augmentation de la vitesse de transaction et la réduction des frais de transaction.

La plateforme blockchain connue sous le nom de Cardano (ADA) vise à offrir aux développeurs d'applications décentralisées et de contrats intelligents une architecture à la fois sécurisée et évolutive pour faciliter la création de leurs produits. Cardano utilise une méthode de consensus unique de preuve de participation (PoS) appelée Ouroboros. Cet algorithme a été développé par un groupe de chercheurs et d'ingénieurs. La cryptomonnaie native du réseau Cardano est désignée par le symbole ADA. Cardano est une plate-forme de registre distribué open source qui aspire à assurer la durabilité, l'interopérabilité et l'évolutivité tout en mettant fortement l'accent sur la sécurité et la recherche évaluée par des pairs.

Polkadot est une plateforme multi-chaînes qui permet l'interopérabilité de plusieurs blockchains. Sa crypto-monnaie est appelée DOT. Il vise à construire un Web décentralisé dans lequel plusieurs réseaux blockchain peuvent communiquer entre eux et partager des données. Polkadot utilise un mécanisme de partage unique et un processus de consensus de preuve de participation (NPoS) pour parvenir à ses décisions consensuelles. DOT est la pièce native qui peut être utilisée sur le réseau Polkadot. La mission de Polkadot est de permettre de construire un écosystème blockchain à la fois évolutif et intégré en facilitant la communication inter-chaînes et le transfert sécurisé des actifs.

La crypto-monnaie connue sous le nom de Binance Coin, ou BNB, a été créée spécifiquement pour être utilisée sur la bourse Finance. Il est principalement utilisé pour le paiement des frais de transaction sur la bourse ainsi que pour la participation aux ventes de jetons, et il est basé sur la chaîne Binance. La popularité croissante du BNB peut être attribuée au fait qu'il est utile au sein de l'écosystème Finance et qu'il est affilié à l'un des échanges de crypto-monnaies les plus importants au monde. Les BNB peuvent également être échangés sur la plateforme Binance contre diverses réductions, notamment celles sur les frais de négociation et d'autres services.

Chain Link (LINK), un réseau Oracle décentralisé qui vise à intégrer des contrats intelligents avec des données du monde réel ainsi que des API provenant d'autres sources. Il garantit le transfert sûr et fiable des données sur le grand livre distribué (blockchain). Au sein du réseau Chainlink, la crypto-monnaie native connue sous le nom de LINK est utilisée en tant que jeton utilitaire. Il est devenu évident que Chainlink pourrait avoir la capacité d'améliorer les capacités des contrats intelligents en leur fournissant des données à la fois précises et à jour et provenant de sources exter nes.

Stellar (XLM) est une plateforme blockchain qui a été développée pour faciliter les transactions et les envois de fonds au-delà des frontières internationales de manière rapide et peu coûteuse. Son objectif est de faciliter le transfert de valeur sans obliger les individus, les institutions financières ou les systèmes de paiement à interagir les uns avec les autres. La crypto-monnaie native de Stellar, connue sous le nom de XLM, agit comme une monnaie relais, ce qui signifie qu'elle peut être utilisée pour faciliter les transactions entre diverses monnaies fiduciaires. La population non bancarisée est le principal public cible des efforts de Stellar visant à assurer l'inclusion financière et l'accès aux services bancaires de base.

Tezos (XTZ) est une plate-forme blockchain auto-modifiable qui permet la gouvernance en chaîne et l'évolution de son protocole sans avoir besoin de hard forks. Cela permet une gouvernance en chaîne. Son objectif est d'offrir un cadre à la fois sûr et évolutif, et il prendra en charge les applications décentralisées et les contrats intelligents. XTZ est la pièce native pouvant être utilisée sur le réseau Tepos. Tezos met fortement l'accent sur la vérification formelle, la gouvernance communautaire et la sécurité globale comme principes directeurs.

Une plateforme blockchain, EOS (EOS), cherche à fournir une infrastructure évolutive pour les applications décentralisées et les contrats intelligents. EOS a été développé par EOS Inc. Il a la capacité de gérer des transactions en parallèle et a un débit de transactions élevé. EOS utilise un mécanisme de consensus appelé preuve de participation déléguée (DPoS), dans lequel un nombre limité de producteurs de blocs élus sont responsables de la validation des transactions financières. EOS donne aux développeurs l'accès aux outils et aux ressources dont ils ont besoin pour créer et déployer des applications décentralisées (dApps) sur sa plateforme.

Le domaine des crypto-monnaies et des jetons est énorme et varié, donnant accès à une grande variété d'actifs numériques, chacun ayant son propre ensemble de caractéristiques et d'applications. Chaque crypto-monnaie et jeton apporte une contribution unique à l'environnement en constante évolution du secteur de la finance numérique, de la première crypto-monnaie, Bitcoin, à l'Ethereum programmable et aux plateformes spécialisées, telles que Ripple et Cardano. Nous sommes en mesure de naviguer dans l'écosystème blockchain en développement rapide et d'étudier le potentiel révolutionnaire des actifs numériques tels que les crypto-monnaies et les jetons si nous avons une solide compréhension des qualités et des utilisations distinctives des principales monnaies et jetons numériques.

Profils de projets et d'entreprises blockchain influents

Le paysage de la technologie blockchain se distingue par la présence d'un grand nombre d'initiatives et d'entreprises pionnières. Ces entités ont joué un rôle crucial dans le développement du secteur. Cette section présente des profils d'initiatives et d'entreprises blockchain de premier plan et étudie leurs contributions, leurs avancées technologiques et leur impact sur une variété d'industries. Nous pouvons acquérir un aperçu de la variété des utilisations de cette technologie révolutionnaire ainsi que de son potentiel si nous explorons les leaders actuellement opérant dans le secteur de la blockchain.

Ethereum, lancée en 2015, est une plateforme blockchain open source qui a révolutionné le secteur avec l'introduction de contrats intelligents. Créé par Vitalik Buterin, Ethereum permet aux développeurs de créer des applications décentralisées (dApps) sur sa plateforme. Il utilise un langage de programmation complet de Turing, permettant l'exécution de contrats complexes et programmables. La crypto-monnaie native d'Ethereum est l'Ether (ETH). La plateforme Ethereum a servi de base à de nombreux projets de blockchain et offres initiales de pièces de monnaie (ICO).

Ripple se distingue comme une société blockchain axée sur la transformation du secteur mondial des paiements et des envois de fonds. Le réseau Ripple Net de Ripple et sa cryptomonnaie native, XRP, permettent des transactions internationales rapides et peu coûteuses. En utilisant le XRP comme monnaie relais, Ripple facilite le transfert de valeur entre différentes monnaies fiduciaires, offrant ainsi une alternative aux systèmes bancaires traditionnels. Ripple a établi des partenariats avec des institutions financières du monde entier, améliorant ainsi les solutions de paiement transfrontalières.

ConsenSys est un studio de capital-risque blockchain qui se concentre sur le développement d'applications, d'infrastructures et d'outils décentralisés pour l'écosystème Ethereum. Fondée par Joseph Lubin, l'un des cofondateurs de Ethereum, ConsenSus a joué un rôle important dans l'avancement de la technologie deEthereum et dans la promotion de son adoption. ConsenSys prend en charge divers projets, notamment MetaMask, un portefeuille Ethereum, et Infura, un fournisseur d'infrastructure pour Ethereum et d'autres réseaux blockchain.

Biance est l'une des bourses de crypto-monnaie les plus importantes et les plus influentes au monde. Fondée par Chang Peng Zhao, Finance a gagné en notoriété grâce à sa vaste gamme de crypto-monnaies prises en charge, son interface conviviale et ses mesures de sécurité robustes. En plus de ses services d'échange, Finance exploite sa blockchain native, la Finance Chain, et sa crypto-monnaie native, Finance Coin (BNB). Binance a également lancé Finance Launchpad, une plateforme permettant de vendre des jetons et de soutenir des projets innovants de blockchain.

Hyperledger est un effort collaboratif open source hébergé par la Linux Foundation. Il vise à faire progresser les technologies et les cadres de blockchain intersectoriels. En mettant l'accent sur les solutions d'entreprise, Hyperledger fournit une suite de plates-formes blockchain, notamment Hyper Ledger Fabric, Hyper Ledger Sawtooth et Hyper Ledger Indy. Ces plateformes permettent aux entreprises de créer et de déployer des applications blockchain sécurisées et évolutives adaptées à leurs besoins spécifiques.

Chainlink est devenu un acteur de premier plan dans l'industrie de la blockchain, se concentrant sur la résolution du problème d'Oracle en connectant des contrats intelligents avec des données du monde réel et des API externes. Le réseau Oracle décentralisé de Chainlink garantit le transfert sécurisé et fiable des informations sur la blockchain, permettant aux contrats intelligents d'accéder aux données provenant de sources hors chaîne. La crypto-monnaie native de Chainlink, LINK, sert de jeton utilitaire au sein du réseau.

VeChain est une plateforme blockchain axée sur l'amélioration de la gestion de la chaîne d'approvisionnement et de l'authenticité des produits. Il permet aux entreprises de suivre et de vérifier l'authenticité et la qualité des produits tout au long de la chaîne d'approvisionnement à l'aide de la technologie blockchain, des appareils IoT et des identifiants uniques. La blockchain VeChainThor de VeChain et sa crypto-monnaie native, VET, fournissent une plate-forme fiable et transparente permettant aux entreprises d'améliorer l'efficacité de la chaîne d'approvisionnement et d'atténuer la contrefaçon.

IBM a fait des progrès significatifs dans le secteur de la blockchain grâce à sa plateforme IBM Blockchain. Tirant parti du framework Hyperledger Fabric, IBM Blockchain permet aux entreprises de développer et de déployer des solutions blockchain de niveau entreprise. IBM a collaboré avec divers partenaires industriels pour créer des réseaux blockchain traitant de la gestion de la chaîne d'approvisionnement, des services financiers, des soins de santé, etc. L'expertise de l'entreprise dans la technologie blockchain et son engagement envers l'innovation ont consolidé sa position de leader dans le domaine.

Stellar est une plateforme blockchain qui vise à faciliter des transactions transfrontalières rapides et peu coûteuses et à fournir des services financiers à la population non bancarisée. Il connecte les institutions financières, les systèmes de paiement et les particuliers, permettant un transfert de valeur transparent au-delà des frontières. La crypto-monnaie native de Stellar, XML, sert de monnaie relais, facilitant les transactions entre différentes monnaies fiduciaires. Stellar a formé des partenariats avec des institutions et organisations financières du monde entier, contribuant ainsi à l'adoption mondiale de services financiers basés sur la blockchain.

Coinbase est un important fournisseur d'échange et de portefeuille de crypto-monnaies qui a joué un rôle crucial en facilitant l'adoption généralisée des crypto-monnaies. Connue pour son interface conviviale, ses mesures de sécurité et sa conformité aux exigences réglementaires, Coinbase est devenue une plateforme de confiance permettant aux particuliers et aux institutions d'acheter, de vendre et de stocker des crypto-monnaies. Coinbase a également élargi son offre pour inclure des services institutionnels, tels que Coinbase Custody et Coinbase Pro.

Le paysage de la blockchain est riche de projets et d'entreprises influentes qui ont façonné la trajectoire du secteur. De l'introduction des contrats intelligents par Ethereum à la révolution des paiements transfrontaliers de Ripple, ces dirigeants ont repoussé les limites de la technologie blockchain et de ses applications. Des sociétés comme ConsenSus, Binance et IBM Blockchain ont fourni l'infrastructure, les outils

et

les plates-formes nécessaires au développement et à l'adoption de solutions basées sur la blockchain. Chainlink, VeChain et Stellar ont relevé des défis spécifiques du secteur, ouvrant la voie à une gestion plus efficace de la chaîne d'approvisionnement, à un transfert de données sécurisé et à une inclusion financière.

Alors que l'industrie de la blockchain continue d'évoluer, les contributions de ces projets et entreprises influents restent importantes. Leurs progrès en matière de technologie, de partenariats et d'adoption ont propulsé l'industrie vers l'avant, inspirant davantage d'innovation et d'applications concrètes. En comprenant les profils et les réalisations de ces acteurs influents, nous pouvons acquérir une vision globale du paysage diversifié et dynamique de la technologie blockchain et de son potentiel de changement transformateur.

Collaborations et partenariats au sein de l'industrie de la blockchain

Le secteur de la blockchain repose largement sur les collaborations et les partenariats, car ceux-ci offrent aux entreprises la possibilité de capitaliser sur leur expérience collective, leurs ressources et leurs réseaux afin de propulser l'innovation et d'encourager une utilisation généralisée de la technologie. Cette section examine la pertinence des collaborations et des partenariats au sein de l'industrie de la blockchain, en se concentrant sur des exemples notables et l'influence que ces types de relations ont eu sur diverses industries. Nous pouvons mieux comprendre le pouvoir de la coopération dans le développement du potentiel de la technologie blockchain en analysant les collaborations réussies et en tirant les leçons de ces collaborations.

Le partage d'informations et l'acquisition de nouvelles expertises entre les acteurs d'un secteur sont facilités par les collaborations et les partenariats. Les organisations sont mieux à même de résoudre les difficultés technologiques, d'améliorer les meilleures pratiques et de soutenir l'élaboration de normes et de protocoles lorsqu'elles mettent en commun leurs ressources et partagent leurs points de vue. Cette approche coordonnée contribue à cultiver une culture de collaboration, qui non seulement augmente le taux d'innovation, mais contribue également à l'expansion de l'écosystème blockchain.

Grâce aux partenariats, les entreprises peuvent exploiter les réseaux les unes des autres, augmentant ainsi leur sphère d'influence et accédant à de nouveaux utilisateurs, marchés et parties prenantes. Les initiatives et les organisations blockchain peuvent tirer parti des contacts, des bases de clients et des canaux de distribution préexistants en travaillant ensemble, ce qui accélère le processus d'adoption de la technologie et de pénétration de nouveaux marchés. Cette extension du réseau est d'une importance cruciale pour l'évolutivité des solutions blockchain ainsi que pour leur viabilité continue à long terme.

L'intégration intersectorielle est facilitée par les collaborations et les partenariats, ce qui ouvre la voie à la diffusion de la technologie blockchain dans une variété de domaines. En coopérant les unes avec les autres, les initiatives blockchain ont le potentiel de se connecter avec des secteurs traditionnels tels que la finance, la gestion de la chaîne d'approvisionnement, la santé et l'énergie, offrant ainsi des solutions innovantes et modifiant radicalement les méthodes conventionnelles de conduite des affaires. Cette intégration entre les secteurs ouvre la voie à de nouvelles voies d'adoption de la blockchain et crée des opportunités de croissance grâce à des processus synergiques.

Ripple a formé des partenariats stratégiques avec de nombreuses institutions financières dans le monde entier, dans le but de révolutionner les paiements transfrontaliers. Le réseau Ripple Net de Ripple et sa cryptomonnaie native, XRP, permettent des transactions internationales rapides et peu coûteuses. Les collaborations avec les banques et les prestataires de paiement permettent l'intégration de la technologie de Ripple, améliorant ainsi les systèmes de paiement et les services de transfert de fonds.

JPMorgan, une institution financière de premier plan, est membre de l'Ethereum Enterprise Alliance (EEA). L'EEA est un consortium d'organisations collaborant pour développer et promouvoir des solutions blockchain basées sur Ethereum pour les cas d'utilisation en entreprise. La participation de JPMorgan à l'EEE démontre l'importance des collaborations intersectorielles pour faire progresser la technologie blockchain au sein du secteur financier.

IBMetMaerskont collaborésurTradeLens,uneplateformebaséesurlablockchain pour la gestion mondiale de la chaîne d'approvisionnement. En tirant parti de la technologie blockchain, TradeLens améliore la transparence, la traçabilité et l'efficacité dans le secteur du transport maritime. Cette collaboration démontre le pouvoir des partenariats pour révolutionner les processus complexes de la chaîne d'approvisionnement et réduire la paperasse et les retards.

VeChain, une plateforme blockchain axée sur la gestion de la chaîne d'approvisionnement et l'authenticité des produits, s'est associée à PwC, une société mondiale de services professionnels. Cette collaboration vise à fournir des solutions complètes basées sur la blockchain pour vérifier et garantir l'authenticité des produits de luxe et améliorer la visibilité de la chaîne d'approvisionnement. Le partenariat entre VeChain et PwC souligne l'intérêt de combiner l'expertise industrielle et la technologie blockchain pour relever les défis de la chaîne d'approvisionnement.

Philips, une entreprise leader dans le domaine des technologies de santé, s'est associée à LegerDemain, une plateforme basée sur la blockchain pour la gestion des données de santé. Cette collaboration vise à sécuriser et rationaliser le partage des données médicales, en garantissant la confidentialité et l'intégrité des données. Le partenariat met en valeur le potentiel de la technologie blockchain pour améliorer l'interopérabilité des données et les systèmes de santé centrés sur le patient.

Medical Chain, une plateforme blockchain pour la gestion sécurisée et transparente des dossiers de santé, s'est associée à la Mayo Clinic, une institution médicale renommée. La collaboration explore l'intégration de la technologie blockchain dans la télémédecine et la gestion des données des patients, en mettant l'accent sur l'amélioration des soins aux patients et de la confidentialité. Le partenariat entre Medical Chain et la Mayo Clinic met en évidence le potentiel transformateur de la blockchain dans le secteur de la santé.

Power Ledger, une plateforme de commerce d'énergie basée sur la blockchain, a collaboré avec divers services publics et sociétés d'énergie dans le monde entier. Ces partenariats permettent le commerce d'énergie peer-to-peer, l'échange de certificats d'énergie renouvelable et les solutions de gestion de réseau. En tirant parti de la technologie blockchain, Power Ledger et ses partenaires favorisent l'adoption des énergies renouvelables, la décentralisation et l'efficacité énergétique.

Un groupe international à but non lucratif appelé Energy Web Foundation (EWF) s'efforce d'accélérer la mise en œuvre de la technologie blockchain dans le secteur de l'énergie. EWF collabore avec des sociétés énergétiques, des fournisseurs de technologie et des organismes de réglementation pour développer des solutions blockchain open source adaptées au secteur de l'énergie. Ces collaborations stimulent l'innovation, favorisent l'interopérabilité et favorisent les pratiques énergétiques durables.

IBM a collaboré avec Stellar, une plateforme blockchain axée sur les paiements transfrontaliers et l'inclusion financière. Ce partenariat vise à intégrer le réseau et la technologie de Stellar aux offres de services financiers d'IBM, permettant des transactions transfrontalières plus rapides et plus rentables. La collaboration démontre comment les entreprises technologiques établies et les startups blockchain peuvent combiner leurs forces pour stimuler l'innovation.

Amazon Web Services (AWS), la division cloud computing d'Amazon, s'est associée à Qtum, une plateforme blockchain qui intègre des éléments de Bitcoin et Ethereum. Ce partenariat permet aux développeurs de déployer des contrats intelligents sur la blockchain Qtum à l'aide de l'infrastructure cloud AWS. La collaboration facilite l'intégration de la technologie blockchain dans les flux de développement existants, la rendant plus accessible à un plus large éventail de développeurs.

Les collaborations et les partenariats jouent un rôle central dans l'avancement de la technologie blockchain et dans son adoption dans divers secteurs. Grâce au partage des connaissances, à l'expansion du réseau et à l'intégration intersectorielle, les organisations peuvent exploiter la puissance collective de la collaboration pour surmonter les défis, débloquer de nouvelles opportunités et créer des solutions innovantes. Des exemples tels que les partenariats de Ripple avec des institutions financières, les collaborations d'IBM dans la gestion de la chaîne d'approvisionnement et les initiatives de soins de santé comme Philips et Médical Chain mettent en évidence le potentiel de transformation de la collaboration dans des secteurs spécifiques.

À mesure que l'industrie de la blockchain continue d'évoluer, il sera crucial de favoriser une culture de collaboration pour stimuler l'innovation et parvenir à une adoption généralisée. En reconnaissant la valeur des partenariats, les organisations peuvent mettre en commun leurs ressources, leur expertise et leurs réseaux, conduisant au développement de solutions blockchain évolutives, interopérables et percutantes. Grâce à des collaborations stratégiques, l'écosystème blockchain peut se rapprocher de sa vision d'un avenir décentralisé et transparent dans tous les secteurs, bénéficiant en fin de compte aux entreprises, aux consommateurs et à la société dans son ensemble.

Chapitre V : Explorer l'avenir de la blockchain

Tendances et innovations dans la technologie blockchain

Depuis son introduction, la technologie blockchain a connu une évolution rapide, ce qui a eu pour effet de bouleverser des industries entières et d'ouvrir la voie à des plateformes d'échange d'actifs décentralisées. Cette section explore les développements récents de la technologie blockchain, en se concentrant sur les avancées technologiques importantes et les implications potentielles qui peuvent en découler. Nous sommes en mesure d'acquérir un aperçu des innovations fascinantes qui définissent l'avenir de la technologie blockchain en examinant le paysage existant.

L'interopérabilité est une tendance importante dans la technologie blockchain, permettant à différents réseaux blockchain de communiquer et de partager des données de manière transparente. L'interopérabilité résout le problème des blockchains cloisonnées, permettant les transactions inter-chaînes, les transferts d'actifs et l'échange de données. Des projets comme Polkadot, Cosmos et Chainlink développent des protocoles et des infrastructures pour faciliter l'interopérabilité, créant ainsi un écosystème de blockchain connecté qui favorise la collaboration et ouvre de nouvelles possibilités.

L'évolutivité reste un défi crucial pour la technologie blockchain, car elle s'efforce de gérer l'augmentation des volumes de transactions et de permettre une adoption massive. Les innovations en matière d'évolutivité de la blockchain se concentrent sur l'amélioration du débit, la réduction de la latence et l'optimisation de l'efficacité du réseau. Les solutions de couche 2 telles que Lightning Network et les canaux étatiques visent à augmenter la capacité de transaction en traitant certaines transactions hors chaîne. De plus, des projets tels que Ethereum 2.0 et Cardano explorent les algorithmes de consensus de partitionnement et de preuve de participation (PoS) pour améliorer l'évolutivité.

La vie privée et la confidentialité sont devenues des considérations cruciales dans la technologie blockchain. Même si les blockchains assurent transparence et immuabilité, il est nécessaire de protéger les données sensibles et de préserver la confidentialité des utilisateurs. Les innovations dans les solutions blockchain axées sur la confidentialité, telles que les Zero-Knowledge Proofs (ZKP) et le calcul multipartite sécurisé (MPC), permettent le transfert et le traitement sécurisé des données tout en préservant la confidentialité. Des projets tels que Cash, Monroe et Oasis Network donnent la priorité aux technologies améliorant la confidentialité pour répondre aux problèmes de confidentialité dans les applications blockchain.

DeFi a gagné en popularité, représentant la fusion des systèmes financiers traditionnels avec la technologie blockchain. DéFi vise à créer un écosystème financier ouvert et décentralisé qui offre des services financiers transparents, efficaces et accessibles. Les plates-formes DéFi facilitent les prêts, les emprunts, les échanges décentralisés, les pièces stables et l'agriculture de rendement, entre autres activités financières. La croissance rapide des protocoles DéFi, tels que Compound, Aave et Uniswap, démontre le potentiel de la blockchain pour perturber la finance traditionnelle et permettre des interactions financières peer-to-peer.

Les jetons non fongibles (NFT) ont attiré une large attention, permettant la représentation d'actifs numériques uniques sur la blockchain. Les NFT ont révolutionné les secteurs de l'art, des jeux et des objets de collection en fournissant des informations vérifiables sur la propriété, la provenance et la rareté des actifs numériques. L'émergence de plates-formes telles que les normes ERC-721 et

ERC-1155 basées sur Ethereum ont facilité la création, l'échange et la monétisation des NFT, déclenchant une nouvelle vague d'innovation et de créativité dans l'espace numérique.

La technologie Blockchain a introduit de nouveaux modèles de gouvernance à travers les organisations autonomes décentralisées (DAO). Les DAO sont des organisations gérées par des contrats intelligents et régies par des processus décisionnels pilotés par la communauté. Les DAO permettent une gouvernance décentralisée, permettant aux détenteurs de jetons de participer à la prise de décision, au vote des propositions et à l'allocation des ressources. Des projets comme Aragon, DAO stack et Moloch DAO sont des cadres DAO pionniers, démocratisant la prise de décision et permettant la propriété et la gouvernance collectives.

La durabilité environnementale est devenue une tendance importante dans la technologie blockchain, répondant aux préoccupations concernant la consommation d'énergie et l'empreinte carbone des réseaux blockchain. Des innovations telles que les algorithmes de consensus Proof-of-Stake (PoS), qui nécessitent des processus d'extraction moins gourmands en énergie, gagnent du terrain en tant qu'alternatives aux algorithmes Proof-of-Work (PoW). De plus, des projets comme Energy Web Chain et Power Ledger se concentrent sur les solutions blockchain pour la gestion des énergies renouvelables, promouvant la durabilité et réduisant l'impact écologique de la technologie blockchain.

La technologie blockchain est de plus en plus intégrée à d'autres technologies émergentes, amplifiant son potentiel et élargissant ses cas d'utilisation. L'intégration avec les appareils Internet des objets (IoT) permet un partage de données sécurisé et transparent et des transactions automatisées. La convergence de la blockchain et de l'intelligence artificielle (IA) permet des modèles d'IA décentralisés, des marchés de données et des contrats intelligents basés sur l'IA. L'intégration avec les services de cloud computing et l'edge computing améliore l'évolutivité, l'accessibilité et l'efficacité.

Les monnaies numériques des banques centrales (CBDC) ont retenu une attention considérable à mesure que les gouvernements explorent les formes numériques de monnaies nationales. Les CBDC visent à offrir les avantages de la technologie blockchain tout en conservant le contrôle et la réglementation de la banque centrale. Des projets pilotes et des initiatives de recherche menés par les banques centrales, notamment la Banque populaire de Chine et la Banque centrale européenne, explorent la faisabilité et la mise en œuvre potentielle des CBDC, révolutionnant potentiellement le concept de monnaie et de systèmes de paiement.

La technologie Blockchain transforme la gestion de la chaîne d'approvisionnement en améliorant la transparence, la traçabilité et l'efficacité. Les plates-formes basées sur la blockchain permettent une visibilité de bout en bout des processus de la chaîne d'approvisionnement, permettant un suivi sécurisé et immuable des marchandises, vérifiant l'authenticité des produits et rationalisant la logistique. Des projets tels que Food Trust d'IBM et les solutions de chaîne d'approvisionnement de VerChain révolutionnent des secteurs tels que l'alimentation et les boissons, les produits de luxe et les produits pharmaceutiques, créant un écosystème de chaîne d'approvisionnement plus transparent et responsable.

Les tendances et les innovations qui se produisent dans la technologie blockchain influencent la trajectoire des systèmes décentralisés dans divers secteurs. L'interopérabilité, l'évolutivité, la confidentialité, la finance décentralisée (DéFi), les NFT, la gouvernance, la durabilité environnementale, l'intégration avec les technologies en développement, les CBDC et les solutions de chaîne d'approvisionnement sont autant de facteurs qui stimulent le développement ainsi que la mise en œuvre de la technologie blockchain. Si les acteurs du secteur de la blockchain adoptent ces tendances, ils pourront découvrir de nouvelles opportunités, surmonter les obstacles existants et exploiter le potentiel révolutionnaire de la technologie blockchain. À mesure que la technologie blockchain continue de progresser, son influence devrait croître dans un plus large éventail de secteurs, notamment l'économie, la société et les industries. Cela se traduira par un avenir plus décentralisé, transparent et inclusif.

Impact potentiel de la blockchain sur diverses industries

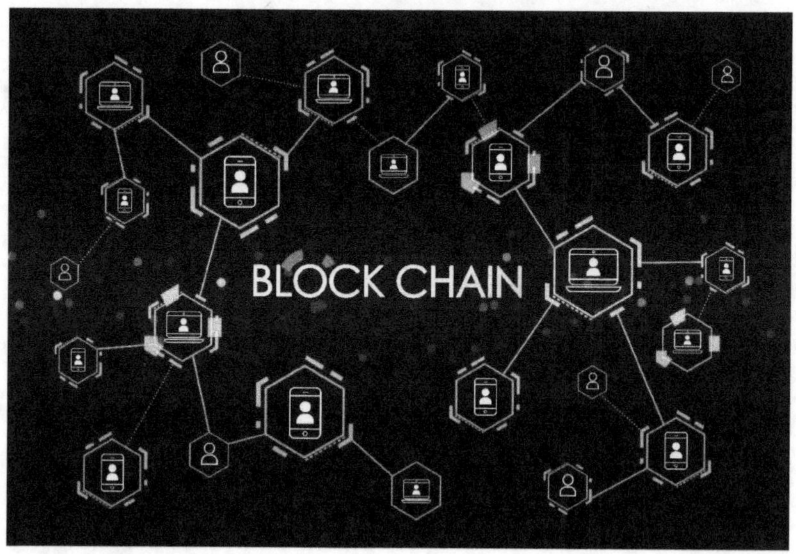

L'introduction de systèmes décentralisés d'échange de valeur au moyen de la technologie blockchain a la capacité de provoquer une révolution dans une grande variété d'industries, car elle améliorera la transparence, la sécurité et l'efficacité. Cette section examine l'influence possible que la technologie blockchain pourrait avoir sur divers secteurs d'activité, en se concentrant sur des cas d'utilisation importants et sur le potentiel disruptif de cette technologie émergente. Nous pouvons imaginer un avenir dans lequel la blockchain changerait les entreprises et serait un moteur de l'innovation si nous explorons les applications potentielles dans différents domaines.

La technologie Blockchain peut rationaliser les paiements transfrontaliers en éliminant les intermédiaires, en réduisant les coûts et en améliorant la vitesse des transactions. Grâce à des plateformes basées sur la blockchain comme Ripple, Stellar et Global Payments Innovation (gpi) de Swift utilisant la technologie blockchain, les institutions financières peuvent faciliter des transactions transfrontalières plus rapides, plus efficaces et plus rentables, au profit des particuliers et des entreprises du monde entier.

Les solutions basées sur la blockchain ont le potentiel de transformer le secteur des envois de fonds en fournissant des transferts d'argent internationaux sécurisés, instantanés et à faible coût. Des plateformes comme Abra et BitPesa exploitent la technologie blockchain pour permettre les envois de fonds peer-to-peer, en contournant les intermédiaires traditionnels et en réduisant les frais de transaction, permettant ainsi aux particuliers des pays en développement d'accéder à des services d'envoi de fonds abordables.

Les solutions de vérification d'identité basées sur la blockchain offrent un moyen sécurisé et efficace de gérer les données d'identité personnelle. Les plateformes d'identité autonomes comme support et Sovrin permettent aux individus de contrôler leur identité numérique, réduisant ainsi la dépendance à l'égard des autorités centralisées. L'immuabilité et la sécurité cryptographique de la blockchain garantissent l'intégrité et la confidentialité des informations personnelles tout en rationalisant les processus Know Your Customer (KYC) pour les institutions financières.

La technologie Blockchain améliore la traçabilité et la transparence de la chaîne d'approvisionnement en enregistrant chaque transaction et mouvement de marchandises sur un grand livre immuable. Cela permet un suivi en temps réel, une vérification de l'authenticité des produits et une gestion efficace des processus de la chaîne d'approvisionnement. Des projets tels que Food Trust et VeChain d'IBM transforment des secteurs tels que l'alimentation et les boissons, les produits de luxe et les produits pharmaceutiques, réduisant la fraude, améliorant le contrôle qualité et instaurant la confiance entre les parties prenantes.

La blockchain permet une vérification sécurisée des produits, atténuant ainsi la prolifération des produits contrefaits. En enregistrant les informations sur les produits sur la blockchain, les fabricants et les consommateurs peuvent vérifier l'authenticité et l'origine des produits. Des startups comme Everledger et Chronicled exploitent la blockchain pour créer des enregistrements immuables et des identifiants uniques, protégeant ainsi les consommateurs et la réputation de la marque contre les produits contrefaits.

La technologie Blockchain peut faciliter le financement de la chaîne d'approvisionnement en assurant la transparence, la confiance et l'automatisation des transactions. Les contrats intelligents sur les plateformes blockchain permettent des règlements de paiement automatisés, réduisant ainsi la paperasse et les litiges. Cela améliore les flux de trésorerie pour les fournisseurs et réduit les risques pour les financiers, favorisant ainsi des solutions de financement de la chaîne d'approvisionnement efficaces et inclusives.

La technologie Blockchain peut améliorer la sécurité, la confidentialité et l'interopérabilité des dossiers médicaux. En stockant les données médicales sur une blockchain, les patients contrôlent leurs dossiers, tandis que les prestataires de soins de santé peuvent accéder et partager en toute sécurité les informations sur les patients. Cela améliore la coordination des soins, réduit les erreurs médicales et rationalise les processus de soins de santé. Des projets comme Medicalchain et Solve.Care exploitent la blockchain pour créer des systèmes de santé centrés sur le patient avec une sécurité et une interopérabilité des données améliorées.

La blockchain a le potentiel de révolutionner la gestion des essais cliniques et des données de recherche médicale. En créant un registre décentralisé et immuable, la blockchain garantit la transparence et l'intégrité des données des essais cliniques, permettant un partage, une collaboration et une validation efficaces des données entre les chercheurs et les organisations. Des projets comme MedRec et Sawtooth Lake d'Intel explorent des solutions blockchain pour des essais cliniques et une gestion des données de recherche sécurisée et transparente.

La technologie blockchain peut résoudre le problème des médicaments contrefaits et garantir l'intégrité de la chaîne d'approvisionnement en médicaments. En enregistrant le parcours des produits pharmaceutiques sur la blockchain, les parties prenantes peuvent retracer l'origine, la fabrication et la distribution des médicaments, réduisant ainsi le risque de contrefaçon de médicaments. Des startups comme PharmaTrust et Block Pharma exploitent la blockchain pour améliorer la visibilité de la chaîne d'approvisionnement en médicaments et renforcer la sécurité des patients.

La technologie Blockchain permet le commerce d'énergie peer-to-peer, permettant aux particuliers d'acheter et de vendre de l'énergie renouvelable directement sans intermédiaires traditionnels. Des plateformes telles que Power Ledger et LO3 Energy exploitent la blockchain pour créer des marchés énergétiques décentralisés, promouvant l'utilisation de sources d'énergie renouvelables et favorisant l'indépendance énergétique et la durabilité.

La blockchain peut améliorer la gestion du réseau en permettant l'échange sécurisé et transparent de données énergétiques entre plusieurs parties prenantes. En utilisant des systèmes basés sur la blockchain, les services publics peuvent optimiser la distribution d'énergie, équilibrer l'offre et la demande et encourager les pratiques d'économie d'énergie. Des projets comme Energy Web Chain et Grid+ explorent des solutions blockchain pour la gestion du réseau, facilitant ainsi une infrastructure énergétique plus efficace et plus résiliente.

La technologie blockchain peut transformer l'échange de droits d'émission de carbone en assurant transparence, traçabilité et efficacité dans la vérification et l'échange de crédits carbone. Les plateformes basées sur la blockchain comme Viridium et Climat Coin exploitent la blockchain pour créer des enregistrements immuables des émissions de carbone, permettant le transfert et l'échange transparents de crédits carbone, promouvant la durabilité et encourageant les efforts de réduction des émissions.

Les systèmes de vote basés sur la blockchain peuvent améliorer la transparence, la sécurité et l'intégrité des élections. En utilisant la technologie blockchain, les gouvernements peuvent créer des enregistrements immuables des votes, prévenir la fraude électorale et accroître la confiance du public dans le processus électoral. Des startups comme Voatz et Follow My Vote explorent des solutions de vote basées sur la blockchain, permettant un vote numérique sécurisé et vérifiable.

La technologie Blockchain peut rationaliser la gestion des archives publiques en garantissant l'immuabilité et l'intégrité des documents importants. En enregistrant les documents publics sur une blockchain, les gouvernements peuvent réduire la bureaucratie, améliorer l'accessibilité des données et accroître l'efficacité des processus administratifs. Des projets tels que le programme e-Residency de l'Estonie et la stratégie Blockchain de Dubaï sont des pionniers en matière de systèmes de gestion des archives publiques basés sur la blockchain.

Blockchain offre une solution sécurisée et inviolable pour la vérification d'identité et l'authentification de documents. Les gouvernements peuvent tirer parti de la blockchain pour créer des systèmes d'identité décentralisés, réduisant ainsi le vol d'identité et rationalisant le processus de vérification pour les citoyens. Des projets comme Civic et uPort explorent des solutions de vérification d'identité basées sur la blockchain, permettant aux individus de contrôler leurs données personnelles tout en garantissant la confidentialité et la sécurité.

L'impact potentiel de la technologie blockchain dans diverses industries est vaste et transformateur. De la gestion de la chaîne d'approvisionnement et des services financiers aux soins de santé, à l'énergie et au gouvernement, la blockchain propose des solutions qui améliorent la transparence, la sécurité, l'efficacité et la confiance. À mesure que les organisations exploitent le potentiel de la blockchain, nous pouvons nous attendre à voir apparaître des applications innovantes et de nouveaux modèles économiques qui remodèlent les secteurs et créent un avenir plus décentralisé, transparent et inclusif. Le véritable potentiel de la blockchain n'est pas encore pleinement exploité, mais son impact sur les industries est déjà significatif et prometteur.

Défis et limites de l'adoption de la blockchain

La technologie blockchain a un énorme potentiel en tant que force perturbatrice dans de nombreux secteurs différents, avec la capacité de modifier radicalement la manière dont nous identifions les transactions, échangeons de l'argent et instaurons la confiance. Cependant, comme toute autre technologie en développement, la blockchain est entravée par un certain nombre de problèmes et de restrictions qui l'empêchent d'être largement acceptée. Cette section explore les principaux défis et contraintes associés à la mise en œuvre généralisée de la technologie blockchain. L'objectif est de permettre aux lecteurs de comprendre les obstacles qui doivent être surmontés afin de réaliser le plein potentiel de cette innovation.

L'évolutivité reste l'un des obstacles les plus sérieux auxquels est confrontée la technologie blockchain. En période de forte activité réseau, les réseaux blockchain traditionnels comme Bitcoin et Ethereum sont soumis à des restrictions de débit de transaction, ce qui entraîne des délais de confirmation plus longs et des frais plus élevés. À mesure que de plus en plus de personnes commencent à utiliser la technologie blockchain, l'évolutivité deviendra de plus en plus importante afin de gérer le nombre croissant de transactions. Afin d'améliorer l'évolutivité, un certain nombre d'options différentes, notamment le partitionnement, les chaînes latérales et les solutions de couche 2, sont actuellement à l'étude. Malgré cela, parvenir à l'évolutivité sans compromettre la sécurité ou la décentralisation reste un défi difficile et permanent.

Le terme « interopérabilité » fait référence à la capacité de plusieurs réseaux blockchain à communiquer entre eux et à transférer des données sans aucune interruption. La fragmentation résulte du manque d'interopérabilité, qui limite également le potentiel de la technologie blockchain. L'intégration de ces réseaux et la facilitation des transactions inter-chaînes deviennent une tâche de plus en plus difficile à mesure que se développent de plus en plus de plates-formes blockchain, chacune avec son propre ensemble unique de protocoles et de normes. Les problèmes de compatibilité sont quelque chose qu'un certain nombre de projets, tels que Polkadot, Cosmos et Aion, s'efforcent de résoudre en fournissant une infrastructure et des protocoles pour la compatibilité de la blockchain. Néanmoins, créer une interopérabilité fluide entre de nombreux réseaux blockchain est une tâche sans fin qui nécessite la collaboration et le consensus entre les différentes parties.

L'énorme quantité d'énergie que nécessite la technologie blockchain, notamment sous la forme de méthodes de consensus de preuve de travail (PoW), est l'une des questions qui ont été soulevées à son sujet. Étant donné que l'exploitation minière par preuve de travail consomme beaucoup d'énergie, des inquiétudes grandissent quant à l'impact qu'auront les réseaux blockchain sur l'environnement et à leur capacité à rester viables. À mesure que l'utilisation de la technologie blockchain devient de plus en plus populaire, la consommation d'énergie associée au minage et au traitement des transactions pourrait devenir de plus en plus insoutenable. L'objectif du développement et de l'utilisation généralisée de mécanismes de consensus économes en énergie, comme la preuve de participation (PoS), par exemple, est de réduire la gravité de ce problème. Cependant, le maintien d'un équilibre sain entre la consommation d'énergie, la sécurité des réseaux et la décentralisation reste un facteur important pour les initiatives blockchain.

L'environnement juridique et réglementaire dans lequel fonctionne la technologie blockchain est assez complexe. La nature décentralisée et transnationale de la blockchain soulève des problèmes de juridiction, de confidentialité des données, de droits de propriété intellectuelle et de capacité à respecter la législation existante. Les gouvernements et autres organismes de réglementation se creusent encore la tête pour trouver comment gouverner efficacement les applications blockchain tout en encourageant l'innovation et en protégeant les intérêts des parties prenantes. Il existe un manque de réglementations claires et standardisées, ce qui crée de la confusion pour les entreprises et entrave l'intégration de la blockchain dans les cadres juridiques existants. Ces problèmes constituent un obstacle à la mise en œuvre généralisée de la technologie blockchain.

Malgré le fait que la technologie blockchain offre immuabilité et transparence, des préoccupations subsistent quant à la confidentialité et à la vie privée, en particulier pour les applications traitant des données sensibles. Il existe certains cas d'utilisation dans lesquels le caractère public de la blockchain, dans lequel les informations sur les transactions sont visibles par tous les participants, entre en conflit avec l'exigence de confidentialité des données. Malgré les efforts déployés pour intégrer des technologies améliorant la confidentialité, telles que les preuves sans connaissance et le calcul multipartite sécurisé, parvenir à un équilibre entre transparence et confidentialité est une difficulté qui nécessite des études et des développements supplémentaires.

L'expérience utilisateur offerte par les applications blockchain est fréquemment identifiée comme un facteur empêchant leur déploiement à grande échelle. Les utilisateurs qui ne sont pas familiers avec les idées qui sous-tendent la blockchain peuvent être dissuadés d'utiliser la technologie en raison de sa complexité, qui inclut la nécessité de gérer des clés cryptographiques et de naviguer dans des interfaces décentralisées. L'augmentation de l'utilisation grand public dépend de plusieurs facteurs, notamment la simplification de la gestion des clés, la fourniture d'applications conviviales et l'amélioration des interfaces utilisateur. En outre, il est nécessaire d'améliorer l'éducation et la sensibilisation à la technologie de la blockchain afin de combler le déficit de connaissances et de renforcer la compréhension entre les individus, les entreprises et les politiciens.

Il est possible que la mise en pratique de la technologie blockchain entraîne d'énormes dépenses, à la fois en termes d'infrastructure requise et d'efforts consacrés à son développement. Pour fonctionner efficacement, les réseaux blockchain doivent disposer d'une puissance de calcul, d'une capacité de stockage et d'une bande passante réseau importantes. Il est possible que les petites et moyennes entreprises (également appelées PME) rencontrent des obstacles financiers à l'entrée en raison des dépenses initiales nécessaires. De plus, le développement et la gestion des blockchains nécessitent des personnes formées et connaissant la cryptographie, les contrats intelligents et les protocoles utilisés par les blockchains. Afin de parvenir à une adoption généralisée de la technologie blockchain, il est essentiel de supprimer les obstacles liés au coût et à l'accessibilité des infrastructures.

Lorsqu'ils tentent d'incorporer la technologie blockchain dans des processus et des systèmes déjà établis, les développeurs se heurtent souvent à des obstacles causés par l'infrastructure existante, les intérêts particuliers et l'inertie organisationnelle. Il est difficile de passer à des solutions blockchain décentralisées, car de nombreux secteurs continuent de fonctionner sur des systèmes centralisés traditionnels en place depuis des années. L'adoption de la technologie blockchain nécessite un changement de mentalité, une collaboration entre les parties prenantes et une volonté d'accepter des changements qui pourraient être perturbateurs. Il est essentiel d'éduquer les parties prenantes sur les avantages et l'efficacité potentiels de la technologie blockchain afin de surmonter les résistances et de faciliter son adoption.

Pour garantir que les décisions, les améliorations du réseau et les modifications des protocoles sont prises d'une manière qui correspond aux intérêts des participants, les réseaux blockchain nécessitent des structures de gouvernance et des procédures de consensus robustes. Afin de préserver la sécurité, la stabilité et la continuité du réseau, il est absolument nécessaire de parvenir à un consensus entre les participants au réseau. Cependant, dans les systèmes décentralisés où les intérêts et les motivations sont variés, il peut être difficile d'obtenir un consensus sur une décision. Le développement de cadres de gouvernance solides pour les initiatives blockchain qui établissent un équilibre entre décentralisation, participation et efficacité de la prise de décision reste un défi qui persiste.

Même si la technologie blockchain a beaucoup de potentiel, sa mise en œuvre n'est pas sans son lot de difficultés et de restrictions. L'évolutivité, l'interopérabilité, la consommation d'énergie, les cadres réglementaires, la confidentialité, l'expérience utilisateur, le coût et la résistance au changement sont autant de défis qui doivent être surmontés afin de réaliser tout le potentiel de la technologie blockchain. Ces obstacles doivent être surmontés avant que la technologie puisse atteindre son plein potentiel. Pour surmonter ces obstacles, nous aurons besoin des efforts combinés de ceux qui créent la technologie, de ceux qui déterminent les réglementations, de ceux qui dirigent les entreprises et de ceux qui utilisent la technologie. Remédier à ces limites grâce à des avancées technologiques, à une législation claire, à une conception centrée sur l'utilisateur et à l'éducation ouvrira la voie à une plus large acceptation de la technologie blockchain et à son impact révolutionnaire dans tous les secteurs. L'écosystème blockchain continue de s'étendre et, ce faisant, il deviendra de plus en plus important de remédier à ces limitations.

Considérations éthiques et implications de la technologie blockchain

La confiance distribuée et la transparence qu'elle permet pourraient entraîner des changements majeurs dans des secteurs entiers si la technologie blockchain est mise en œuvre avec succès. Cependant, comme toute autre avancée technologique, la blockchain présente un certain nombre de préoccupations et d'implications éthiques qui nécessitent un examen attentif et une attention aux détails. Cette section explore les implications éthiques de la technologie blockchain en analysant des facteurs importants tels que la confiance, la confidentialité, la sécurité, la propriété des données, l'inclusion et l'influence sur l'environnement. Comprendre et résoudre de manière proactive ces défis éthiques nous permettra d'orienter l'utilisation de la technologie blockchain d'une manière à la fois responsable et écologiquement durable.

La capacité de la blockchain à garantir la confiance et la transparence dans les transactions financières et le flux de données est le principal moteur de la proposition de valeur de la blockchain. Cependant, des considérations éthiques doivent être prises en compte en raison de l'immuabilité de la technologie blockchain et des techniques cryptographiques qu'elle utilise. La permanence des informations sur la blockchain soulève des questions sur le droit à l'oubli, l'exactitude des données et la possibilité que des enregistrements immuables perpétuent des erreurs ou des injustices. Pour garantir que les informations sensibles sont protégées en toute sécurité tout en conservant les avantages de la transparence et de la responsabilité, il devient essentiel de trouver un équilibre entre transparence et confidentialité.

Même si la technologie blockchain assure naturellement sécurité et transparence, le

fait

que de nombreux réseaux blockchain soient ouverts au public pose des problèmes légitimes en matière de confidentialité. Le stockage d'informations personnelles sur un registre immuable et visible soulève des questions de protection des données, d'autorisation des utilisateurs et d'autorité institutionnelle. Il est nécessaire d'intégrer des technologies améliorant la confidentialité, telles que des preuves à connaissance nulle ou un calcul multipartite sécurisé, afin de permettre la divulgation sélective d'informations tout en préservant l'intégrité et la sécurité de la blockchain afin de trouver un équilibre entre les concurrents. valeurs d'intimité et d'ouverture.

Les fonctionnalités de sécurité sophistiquées offertes par la technologie blockchain sont largement reconnues. Les réseaux blockchain ne sont cependant pas à l'abri des vulnérabilités et des risques. Les bugs dans les contrats intelligents, les tentatives de piratage et même une simple erreur humaine peuvent tous entraîner une violation de la vie privée et une perte financière. Il est nécessaire d'effectuer des tests exhaustifs, de réaliser des audits de code et d'adhérer aux meilleures pratiques de cybersécurité les plus efficaces afin de protéger la sécurité et l'intégrité des systèmes blockchain. De plus, le développement de systèmes de reporting des vulnérabilités et de fourniture de bug bounties encourage une attitude responsable et proactive dans la résolution des problèmes de sécurité.

Les vieilles idées sur la propriété et la gestion des données sont remises en question par une nouvelle technologie appelée blockchain. Dans les blockchains publiques ou de consortium, le sujet de la gouvernance et de l'accès aux données émerge, même si la technologie blockchain permet aux individus de conserver la propriété et le contrôle de leurs données grâce à l'utilisation de clés cryptographiques. Pour garantir que les individus disposent d'un pouvoir d'action et d'un contrôle sur leurs données tout en promouvant simultanément une utilisation responsable et éthique par les organisations et les consortiums, les considérations éthiques incluent l'établissement de cadres de consentement, de partage et de gestion des données.

La technologie derrière la blockchain a la capacité de donner plus de pouvoir aux individus en facilitant la fourniture de services financiers, l'authentification des identités et l'accès aux ressources dans les communautés qui ne sont pas correctement desservies. Toutefois, afin de garantir l'inclusivité, il est nécessaire d'éliminer des défis tels que le manque de connaissances technologiques, la mauvaise connectivité Internet et l'accès inadéquat aux infrastructures physiques. Les projets ont la responsabilité d'être conscients de la fracture numérique et de créer des interfaces utilisateur intuitives accessibles à une grande variété de populations d'utilisateurs. De plus, la prise en compte des exigences et des points de vue des populations mal desservies et l'intégration de ces communautés dans les étapes de planification et d'exécution d'un projet contribuent à favoriser un environnement inclusif et empêchent que les inégalités actuelles ne s'aggravent encore.

Des inquiétudes ont été exprimées quant à l'impact environnemental de la technologie blockchain en raison de la grande quantité d'énergie requise, notamment dans les algorithmes de consensus de preuve de travail (PoW). Le processus d'extraction, qui valide les transactions et utilise une quantité importante d'énergie, nécessite également une puissance de calcul importante, ce qui contribue aux émissions de carbone. Les aspects éthiques incluent l'étude de méthodes de consensus économes en énergie telles que la preuve de participation (PoUR), la promotion des sources d'énergie renouvelables pour les activités minières et le développement de pratiques respectueuses de l'environnement pour les réseaux blockchain. Afin d'adopter la technologie blockchain de manière responsable, il est essentiel de trouver un équilibre entre les avantages de cette technologie et son impact sur l'environnement.

La technologie Blockchain est basée sur les concepts fondamentaux de décentralisation et de fonctionnement sans autorité centralisée. Cependant, cela soulève des problèmes de gouvernance, de responsabilité et de prise de décision qui doivent être résolus. Lorsqu'il s'agit de préserver la stabilité du réseau, de résoudre les désaccords et d'assurer une prise de décision responsable, la mise en place de systèmes de gouvernance, de résolution des différends et de recherche de consensus devient absolument nécessaire. Il est essentiel que les réseaux blockchain incluent des modèles de gouvernance intégrant l'ouverture, l'inclusivité et la responsabilité afin de réussir à développer la confiance entre les utilisateurs et à empêcher l'accumulation de pouvoir.

La nature open source de la technologie blockchain constitue une menace pour les accords conventionnels en matière de propriété intellectuelle. La philosophie open source favorise le travail d'équipe et l'échange d'informations, mais elle soulève également des questions sur la manière de rémunérer équitablement les ingénieurs logiciels et autres contributeurs aux projets open source. Les considérations éthiques incluent la conception de méthodes pour motiver les contributions, la protection des droits de propriété intellectuelle et la mise en place de cadres de licences explicites pour trouver un équilibre entre les avantages d'une collaboration ouverte et l'exigence d'une rémunération équitable et de la reconnaissance du travail que les créateurs ont produit. .

La technologie derrière les transactions blockchain a la capacité de contribuer à résoudre des problèmes sociétaux et à faire progresser le bien commun. L'identification et le classement des cas d'utilisation compatibles avec les valeurs sociétales, les droits de l'homme et les objectifs de développement durable sont également des éléments du processus de considérations éthiques. Les applications de la technologie blockchain dans des domaines tels que l'aide humanitaire, la transparence de la chaîne d'approvisionnement, les systèmes de vote et la gestion des identités ont le potentiel de donner plus de liberté aux individus et aux communautés. Cependant, afin d'éviter d'avoir un impact négatif sur la société ou d'exacerber des problèmes déjà existants, il est essentiel de procéder à une analyse approfondie des dangers potentiels, des conséquences imprévues et des implications éthiques.

La technologie derrière la blockchain crée des perspectives de transformation dans une variété de secteurs, mais elle soulève également des questions éthiques et a des implications qui doivent être abordées de manière responsable. La collaboration entre les parties prenantes, telles que les développeurs, les régulateurs, les législateurs et la société dans son ensemble, est nécessaire pour trouver un équilibre entre la confiance, la confidentialité et la sécurité, ainsi que la propriété des données, l'inclusivité, l'impact environnemental et la responsabilité. Nous pouvons exploiter le potentiel de la technologie blockchain pour créer un avenir numérique plus équitable, transparent et fiable si nous adoptons une approche proactive pour relever ces défis éthiques et concevoir des systèmes blockchain dans un souci de transparence, d'inclusion et de responsabilité sociale.

ChapitreVI :Démarreraveclablockchain

Étapes pour mettre en place un réseau blockchain

La mise en place d'un réseau blockchain est une étape cruciale pour exploiter la puissance des systèmes décentralisés et stimuler l'innovation dans tous les secteurs. Cette section décrit les étapes clés de la mise en place d'un réseau blockchain, fournissant un guide complet aux organisations et aux développeurs cherchant à tirer parti de la technologie blockchain. De la définition des objectifs et du choix de la bonne plateforme blockchain à la conception du réseau, aux mécanismes de consensus et au déploiement, chaque étape joue un rôle essentiel dans l'établissement d'un réseau blockchain robuste et sécurisé.

Avant de se lancer dans la mise en place d'un réseau blockchain, il est nécessaire de définir clairement les objectifs et d'identifier les cas d'usage spécifiques auxquels le réseau va répondre. Qu'il s'agisse d'améliorer la transparence de la chaîne d'approvisionnement, de rationaliser les transactions financières ou d'améliorer l'intégrité des données, un objectif bien défini sert de principe directeur tout au long du processus de configuration du réseau.

La sélection de la plateforme blockchain appropriée est une décision cruciale qui correspond aux objectifs et aux cas d'utilisation définis. Plusieurs options sont disponibles, notamment les blockchains publiques, privées et de consortium. Les blockchains publiques comme Bitcoin et Ethereum offrent une participation ouverte et de la transparence, tandis que les blockchains privées et de consortium offrent plus de contrôle et de confidentialité. L'évaluation de facteurs tels que l'évolutivité, la sécurité, la gouvernance et l'écosystème de développeurs aident à choisir la bonne platefor me.

La conception du réseau implique de déterminer la structure et l'architecture du

réseau

blockchain. Cela implique de décider de facteurs tels que le nombre de nœuds, leurs rôles (par exemple, validateurs, mineurs) et la topologie du réseau (par exemple, peer-to-peer, hiérarchique). La conception doit prendre en compte l'évolutivité, la tolérance aux pannes et l'efficacité du réseau tout en garantissant que le réseau s'aligne sur les cas d'utilisation et les objectifs souhaités.

Les mécanismes de consensus garantissent l'accord et la validité des transactions au sein du réseau blockchain. Le choix du bon mécanisme de consensus dépend de facteurs tels que l'évolutivité du réseau, les exigences de sécurité, l'efficacité énergétique et les hypothèses de confiance. Les mécanismes de consensus courants incluent la preuve de travail (PoW), la preuve de participation (PoS) et la tolérance aux pannes byzantine pratique (PBFT). Comprendre les forces et les limites de chaque mécanisme aide à sélectionner celui le plus adapté au réseau.

Les contrats intelligents sont des accords auto-exécutables qui automatisent les processus au sein du réseau blockchain. Ils permettent la mise en œuvre d'une logique métier, l'exécution de transactions et l'application de règles prédéfinies. Les développeurs doivent définir les fonctionnalités du contrat intelligent, écrire le code à l'aide d'un langage de programmation tel que Solidity (pour Ethereum), puis tester et auditer minutieusement le code pour garantir la sécurité et l'exactitude.

Le déploiement du réseau blockchain implique la mise en place de l'infrastructure et le déploiement des composants logiciels nécessaires. Cela comprend la configuration des nœuds du réseau, l'établissement de canaux de communication et la garantie du stockage et de la synchronisation des données. Le déploiement du réseau peut impliquer des services cloud, une infrastructure sur site ou une combinaison des deux.

Des mesures de sécurité appropriées, telles que la configuration du pare-feu et le cryptage, sont cruciales pendant la phase de déploiement.

L'établissement de protocoles de gouvernance et d'administration est essentiel pour le succès et la durabilité à long terme du réseau blockchain. La gouvernance comprend les processus de prise de décision, l'amélioration du consensus et l'établissement de règles de participation et de gestion du réseau. Les rôles et responsabilités en matière d'administration du réseau, y compris la maintenance des nœuds, les mises à jour logicielles et la surveillance, doivent être définis pour garantir le bon fonctionnement et la sécurité.

La sécurité est primordiale lors de la mise en place d'un réseau blockchain. La mise en œuvre de mesures de sécurité robustes, notamment le chiffrement, le contrôle d'accès et la gestion sécurisée des clés, contribue à vous protéger contre les accès non autorisés, la falsification et les violations de données. Les considérations en matière de confidentialité dépendent du cas d'utilisation et du type de réseau. Les blockchains privées et de consortium peuvent nécessiter des technologies supplémentaires améliorant la confidentialité, telles que des preuves sans connaissance ou un stockage de données hors chaîne, pour protéger les informations sensibles.

Des processus de tests et d'assurance qualité approfondis sont essentiels avant de déployer le réseau blockchain dans un environnement de production. Cela comprend des tests fonctionnels des contrats intelligents, des tests de résistance des performances du réseau et des audits de sécurité. Des tests rigoureux aident à identifier les vulnérabilités, les goulots d'étranglement des performances et garantissent que le réseau fonctionne comme prévu, minimisant ainsi le risque de bogues ou de failles de sécurité après le déploiement.

Après le déploiement, une surveillance et une maintenance continues sont nécessaires pour garantir la stabilité, les performances et la sécurité du réseau blockchain. Des outils et processus de surveillance doivent être mis en œuvre pour suivre l'état du réseau, le débit des transactions et l'état des nœuds. Des mises à jour logicielles régulières, des corrections de bugs et des correctifs de sécurité aident à maintenir l'intégrité du réseau et à le protéger contre les menaces émergentes.

Construire une communauté prospère autour du réseau blockchain favorise l'innovation, l'adoption et la collaboration. S'engager avec les développeurs, les utilisateurs et les partenaires industriels via des communautés de développeurs, des hackathons et des partenariats contribue à stimuler la croissance du réseau. La participation active et les commentaires de la communauté contribuent à l'évolution, à la résilience et à la longévité du réseau.

La mise en place d'un réseau blockchain nécessite une planification minutieuse, une prise de décision stratégique et une exécution diligente. Définir les objectifs, sélectionner la bonne plateforme, concevoir l'architecture du réseau, choisir les mécanismes de consensus, développer des contrats intelligents et garantir la sécurité et la confidentialité sont des étapes essentielles pour établir un réseau blockchain robuste et sécurisé. Grâce à une gouvernance appropriée, une surveillance continue et un engagement auprès de la communauté, les organisations peuvent libérer le potentiel de transformation de la technologie blockchain et stimuler l'innovation dans tous les secteurs.

Choisir la bonne plateforme et les bons outils blockchain

La sélection de la bonne plateforme et des bons outils blockchain est une décision cruciale dans le développement et la mise en œuvre de solutions blockchain. Avec de nombreuses options disponibles, les organisations doivent évaluer soigneusement leurs besoins, prendre en compte des facteurs tels que l'évolutivité, la sécurité, la gouvernance et l'écosystème de développeurs, et choisir la plateforme et les outils qui correspondent à leurs objectifs. Cette section explore les principales considérations et facteurs impliqués dans la sélection de la bonne plateforme et des bons outils blockchain, fournissant un guide complet aux organisations cherchant à exploiter la puissance de la technologie décentralisée.

Avant de choisir une plateforme et des outils blockchain, il est essentiel de comprendre le paysage blockchain et les différents types de blockchains disponibles. Les blockchains publiques, telles que Bitcoin et Ethereum, offrent une participation ouverte et une transparence, tandis que les blockchains privées et de consortium offrent plus de contrôle et de confidentialité. L'évaluation des avantages et des inconvénients de chaque type aide les organisations à déterminer la solution blockchain la plus adaptée à leurs besoins spécifiques.

La définition des exigences et des cas d'utilisation est une étape cruciale dans la sélection de la bonne plateforme et des bons outils blockchain. Les organisations doivent clairement identifier leurs objectifs, comprendre les défis commerciaux spécifiques qu'elles souhaitent relever et déterminer les fonctionnalités et caractéristiques requises. Qu'il s'agisse de gestion de la chaîne d'approvisionnement, de vérification d'identité ou de finance décentralisée, il est essentiel d'aligner les exigences sur les capacités de la plateforme et des outils blockchain.

Lors de la sélection d'une plateforme blockchain, l'évolutivité est un facteur important à prendre en compte. À mesure que la technologie blockchain évolue, la capacité à gérer des volumes de transactions croissants devient cruciale pour une adoption généralisée. Les organisations doivent évaluer les solutions d'évolutivité de la plate-forme, telles que le partitionnement, les chaînes latérales ou les protocoles de couche 2, et évaluer leur efficacité à gérer les demandes croissantes du réseau. De plus, des indicateurs de performances, notamment la vitesse des transactions, les délais de confirmation et le débit, doivent être pris en compte pour garantir que la plateforme peut répondre aux besoins de l'organisation.

La sécurité est de la plus haute importance dans la technologie blockchain. Les organisations doivent évaluer les fonctionnalités et protocoles de sécurité offerts par les plateformes blockchain pour se protéger contre les attaques et vulnérabilités potentielles. Les principales considérations incluent le mécanisme de consensus utilisé par la plateforme, tel que la preuve de travail (PoW), la preuve de participation (PoS) ou la tolérance pratique aux pannes byzantines (PBFT), ainsi que les antécédents de la plateforme en matière de gestion des incidents de sécurité. De plus, des fonctionnalités telles que le cryptage, l'authentification multifacteur et la gestion sécurisée des clés doivent être évaluées pour garantir l'intégrité et la confidentialité des données.

La gouvernance joue un rôle crucial dans les réseaux blockchain, en particulier dans les blockchains publiques et de consortium. Les organisations doivent évaluer le modèle de gouvernance et les processus décisionnels utilisés par la plateforme. Les facteurs à prendre en compte incluent le rôle des participants au réseau dans la prise de décision, le processus de proposition et de mise en œuvre des changements et le niveau de décentralisation. Comprendre la structure de gouvernance garantit l'alignement avec les principes et les objectifs de l'organisation.

Un écosystème de développeurs prospère et un ensemble robuste d'outils de développement sont essentiels à la mise en œuvre réussie des solutions blockchain. Les organisations doivent évaluer la prise en charge de la plateforme pour le développement de contrats intelligents, les langages de programmation disponibles et la facilité d'intégration avec les systèmes existants. La disponibilité des frameworks de développement, des kits de développement logiciel (SDK) et de la documentation contribuent également à l'efficacité et à la rapidité du développement.

L'interopérabilité et la capacité d'intégration aux systèmes existants sont des considérations cruciales dans le choix d'une plateforme blockchain. Les organisations doivent évaluer si la plateforme prend en charge l'interopérabilité avec d'autres blockchains et systèmes existants. La compatibilité avec les normes industrielles, telles que les protocoles de messagerie et les formats de données, est essentielle pour garantir un échange et une intégration transparents des données entre différentes plateformes et applications.

La force de la communauté entourant une plateforme blockchain peut avoir un

impact

significatif sur son succès et son adoption. Les organisations doivent évaluer la taille et l'engagement de la communauté de la plateforme, y compris les développeurs, les utilisateurs et les partenaires industriels. Le soutien actif de la communauté favorise l'innovation, donne accès aux ressources et au partage des connaissances, et garantit un écosystème dynamique pour le développement continu de la plateforme.

Les considérations de coûts incluent à la fois les dépenses initiales et les coûts de maintenance continus associés à la plate-forme et aux outils blockchain. Les organisations doivent évaluer les modèles de licence proposés, tels que les modèles open source ou propriétaires, et comprendre les coûts associés, notamment les frais de licence, les frais de transaction ou les coûts d'abonnement. De plus, les organisations doivent tenir compte de l'évolutivité de la plateforme en termes de coût, en s'assurant que la solution choisie correspond à leurs contraintes budgétaires.

Le paysage de la blockchain évolue rapidement et les organisations doivent tenir compte de la préparation pour l'avenir de la plateforme qu'elles choisissent. L'évaluation de la feuille de route de développement de la plateforme, des fonctionnalités à venir et de l'intégration avec des technologies émergentes telles que l'IoT, l'IA ou les protocoles améliorant la confidentialité fournit un aperçu du potentiel d'évolutivité et d'adaptabilité à long terme de la plateforme.

Choisir la bonne plateforme et les bons outils blockchain est une étape cruciale dans la création de solutions décentralisées. En comprenant le paysage de la blockchain, en identifiant les exigences et en évaluant des facteurs tels que l'évolutivité, la sécurité, la gouvernance, l'écosystème de développeurs et le soutien de la communauté, les organisations peuvent prendre des décisions éclairées qui correspondent à leurs objectifs et à leurs cas d'utilisation. La sélection de la plate-forme et des outils blockchain les plus appropriés jette les bases d'une mise en œuvre réussie et libère le pouvoir de transformation de la technologie décentralisée. Grâce à un examen et une évaluation minutieux, les organisations peuvent naviguer dans le paysage de la blockchain et exploiter le potentiel de la blockchain pour stimuler l'innovation et créer de nouvelles opportunités dans tous les secteurs.

Meilleures pratiques de sécurité pour la mise en œuvre de la blockchain

Parce qu'il implique le stockage et la gestion d'actifs numériques précieux et de données sensibles, le déploiement de la blockchain élève le niveau de préoccupation en matière de sécurité à un niveau extrêmement élevé. L'immuabilité inhérente à la technologie blockchain et les principes cryptographiques qui la sous-tendent constituent une base solide sur laquelle construire un système sécurisé. Cependant, les entreprises doivent adhérer aux meilleures pratiques de sécurité tout au long du processus de déploiement afin de garantir que les systèmes blockchain maintiendront leur disponibilité, leur intégrité et leur confidentialité. Dans cette section, des considérations cruciales en matière de sécurité sont abordées et un guide complet des meilleures pratiques de sécurité pour une application réussie de la technologie blockchain est fourni.

Avant de mettre en œuvre un système blockchain, les organisations doivent procéder

à

une modélisation approfondie des menaces et à des évaluations des risques. Cela implique d'identifier les risques de sécurité potentiels, d'analyser les vulnérabilités et de comprendre l'impact des attaques ou violations potentielles. En évaluant les risques de manière proactive, les organisations peuvent concevoir des mesures et des contrôles de sécurité qui atténuent les menaces et les vulnérabilités identifiées.

La sécurité du réseau et de l'infrastructure sous-jacents est vitale pour la mise en œuvre de la blockchain. Les organisations doivent recourir aux meilleures pratiques pour sécuriser les communications réseau, notamment le chiffrement, les mécanismes d'authentification forts et les pare-feu pour se protéger contre les accès non autorisés et les écoutes clandestines. De plus, la mise en œuvre de mesures robustes de sécurité des serveurs et des centres de données, telles que des contrôles d'accès physiques, des systèmes de détection d'intrusion et des audits de sécurité réguliers, contribue à protéger l'infrastructure contre les menaces physiques et logiques.

La sécurité de la blockchain repose en grande partie sur la bonne gestion des clés cryptographiques. Les organisations doivent mettre en œuvre des pratiques de gestion sécurisée des clés, notamment l'utilisation de modules de sécurité matériels (HSM) ou de systèmes de stockage de clés sécurisés, pour protéger les clés privées contre tout accès non autorisé ou vol. L'authentification multifacteur, des contrôles d'accès stricts et une rotation régulière des clés sont essentiels pour garantir la confidentialité et l'intégrité des clés cryptographiques.

Le mécanisme de consensus employé par un réseau blockchain joue un rôle crucial dans sa sécurité. Les organisations doivent évaluer soigneusement les propriétés de sécurité du mécanisme de consensus choisi, tel que la preuve de travail (PoW), la preuve de participation (PoS) ou la tolérance aux pannes byzantines pratiques (PBFT). La mise en œuvre de mécanismes de consensus dotés de fonctionnalités de sécurité rigoureuses, d'une résistance aux attaques Sybil et d'une tolérance aux pannes contribue à garantir la sécurité globale ainsi que la stabilité du réseau blockchain.

Les contrats intelligents, étant des morceaux de code auto-exécutables, nécessitent une attention particulière en matière de sécurité. Les organisations doivent suivre des pratiques de codage sécurisées lors du développement de contrats intelligents, notamment la validation des entrées, la gestion appropriée des exceptions et la défense contre les vulnérabilités courantes telles que la réentrance et le dépassement d'entier. De plus, la réalisation d'examens approfondis du code, d'évaluations des vulnérabilités et d'audits tiers permet d'identifier et d'atténuer les failles de sécurité potentielles.

Assurer la sécurité du traitement des transactions est essentiel pour prévenir les activités frauduleuses et protéger l'intégrité du réseau blockchain. Les organisations doivent mettre en œuvre des mécanismes sécurisés de validation des transactions, notamment des signatures cryptographiques, pour valider l'authenticité et l'intégrité des transactions. La validation approfondie des entrées, la mise en œuvre de mesures anti-spam et l'intégration de processus de validation des transactions basés sur le consensus améliorent la sécurité et l'intégrité du traitement des transactions.

La mise en œuvre de mécanismes de contrôle d'accès robustes est cruciale pour empêcher tout accès non autorisé aux systèmes et aux données blockchain. Les organisations doivent appliquer des mesures d'authentification et d'autorisation fortes, telles que l'authentification multifacteur, le contrôle d'accès basé sur les rôles (RBAC) et les principes du moindre privilège. De plus, l'adoption de solutions de gestion d'identité basées sur la blockchain, dans lesquelles les individus contrôlent leur identité et leurs signatures numériques, améliore la sécurité et la confidentialité des interactions des utilisateurs avec le réseau blockchain.

La protection de la confidentialité et de la confidentialité des données est une considération de sécurité essentielle dans la mise en œuvre de la blockchain. Les organisations doivent utiliser des techniques de cryptage pour protéger les données sensibles stockées sur la blockchain ou transmises sur le réseau. Des techniques telles que le cryptage asymétrique, le cryptage symétrique et les preuves sans connaissance peuvent être utilisées pour protéger la confidentialité des données tout en conservant les avantages de transparence et d'immuabilité offerts par la technologie blockchain.

La surveillance continue du réseau blockchain et la réalisation régulière d'audits de sécurité sont essentielles pour identifier les incidents de sécurité potentiels et garantir le respect des politiques de sécurité. Les organisations doivent mettre en œuvre des outils de surveillance robustes pour détecter les activités inhabituelles, surveiller le trafic réseau et suivre l'intégrité des transactions. Des audits de sécurité réguliers, tant internes qu'externes, aident à identifier les vulnérabilités, à garantir le respect des meilleures pratiques de sécurité et à valider la posture de sécurité globale de la mise en œuvre de la blockchain.

Malgré des mesures de sécurité robustes, des incidents peuvent toujours survenir. Les organisations doivent établir des plans de réponse aux incidents qui décrivent les procédures à suivre en cas d'incident ou de violation de sécurité. Cela inclut des protocoles pour la détection, le confinement, l'éradication et la récupération des incidents. Une réponse rapide, la documentation des incidents et l'amélioration continue des pratiques de sécurité aident les organisations à minimiser l'impact des incidents et à maintenir la confiance des parties prenantes.

Les facteurs humains jouent un rôle important dans la sécurité de la mise en œuvre de la blockchain. Les organisations doivent proposer des programmes complets de formation et de sensibilisation à la sécurité pour informer les employés sur les meilleures pratiques de sécurité, l'importance de la protection des données et l'identification des menaces potentielles. La formation doit couvrir des sujets tels que les attaques de phishing, l'ingénierie sociale et la gestion sécurisée des clés cryptographiques. La création d'une culture soucieuse de la sécurité parmi les employés contribue à la posture de sécurité globale de l'organisation.

La sécurité est d'une importance primordiale dans la mise en œuvre de la blockchain pour sauvegarder les actifs numériques précieux, protéger les données sensibles et garantir la confiance et l'intégrité du réseau blockchain. En suivant les meilleures pratiques de sécurité décrites dans cet essai, les organisations peuvent établir une base de sécurité solide pour leurs systèmes blockchain. La modélisation des menaces, la sécurisation des réseaux et des infrastructures, la gestion des clés, la sécurité des mécanismes de consensus, la sécurité des contrats intelligents, le contrôle d'accès, le cryptage des données, la surveillance, la réponse aux incidents et la formation des employés contribuent collectivement à une approche de sécurité holistique. En donnant la priorité à la sécurité tout au long du processus de mise en œuvre, les organisations peuvent exploiter le pouvoir transformateur de la technologie blockchain tout en minimisant les risques associés à son adoption.

ChapitreVII : Étudesdecasettémoignagesderéussite

Exemples concrets de projets blockchain réussis

La technologie blockchain a suscité une attention considérable en raison de son potentiel à révolutionner les industries et à remodeler les systèmes traditionnels. Bien qu'il s'agisse encore d'une technologie émergente, de nombreux projets concrets de blockchain ont démontré des mises en œuvre réussies, démontrant les avantages tangibles de la décentralisation, de la transparence et de l'immuabilité. Cette section explore des exemples notables de projets blockchain réussis dans différents secteurs, en soulignant leur impact, leurs fonctionnalités innovantes et les enseignements qu'ils apportent pour l'adoption future de la blockchain.

Le secteur de la chaîne d'approvisionnement est confronté à des défis liés à la traçabilité, à la transparence et à la confiance. Walmart, en collaboration avec IBM, a lancé le projet blockchain Food Trust pour résoudre ces problèmes. Le projet permet une traçabilité de bout en bout des produits alimentaires, fournissant aux consommateurs des informations détaillées sur l'origine, la manipulation et la sécurité des produits qu'ils achètent. En tirant parti de l'immuabilité et de la nature décentralisée de la blockchain, le projet Food Trust de Walmart et IBM améliore la sécurité alimentaire, réduit la fraude et promeut des pratiques d'approvisionnement éthiques.

Ripple et, développé par Ripple, est une solution basée sur la blockchain pour les paiements et envois de fonds transfrontaliers. Ripple et offre des transactions plus rapides et plus rentables par rapport aux systèmes traditionnels. En utilisant sa crypto-monnaie native XRP comme monnaie relais, Ripple élimine le besoin de plusieurs intermédiaires et réduit les délais de règlement. Le succès de Ripple Net réside dans sa capacité à résoudre les problèmes du secteur financier, en fournissant une solution efficace et sécurisée pour les paiements et les envois de fonds mondiaux.

uPort, développé par ConsenSus, est une plateforme de gestion d'identité décentralisée construite sur la blockchain Ethereum. Il permet aux individus d'avoir un contrôle total sur leur identité numérique, leur permettant de gérer et de partager des informations personnelles en toute sécurité. Le modèle d'identité auto-souverain du Port donne aux individus la possibilité de divulguer de manière sélective les attributs d'identité tout en préservant la confidentialité et en réduisant la dépendance à l'égard des fournisseurs d'identité centralisés. Le projet permet aux individus de gérer leur identité numérique, conduisant ainsi à une meilleure protection de la vie privée et des données.

MedRec est un système de gestion de dossiers médicaux basé sur une blockchain développé par des chercheurs du MIT. Il vise à relever les défis de l'interopérabilité des données médicales, de la confidentialité et de l'autonomisation des patients. MedRec permet aux patients d'accéder et de gérer en toute sécurité leurs dossiers médicaux tout en garantissant l'intégrité et la confidentialité de leurs données. En tirant parti des propriétés inviolables de la blockchain, MedRec améliore l'intégrité des données, réduit les erreurs médicales et facilite le partage transparent des informations médicales entre les prestataires de soins de santé.

Follow My Vote est une plateforme de vote basée sur la blockchain qui vise à améliorer la transparence, la sécurité et la vérifiabilité des processus de vote. En tirant parti de la technologie blockchain, Follow My Vote garantit l'intégrité des votes, élimine le risque de falsification et renforce la confiance dans le processus électoral. La plateforme offre aux électeurs la possibilité de vérifier de manière indépendante leurs votes tout en préservant l'anonymat de chaque électeur. Follow My Vote montre le potentiel de la technologie blockchain pour révolutionner les processus démocratiques et accroître la confiance des électeurs.

Les transactions énergétiques peer-to-peer sont rendues possibles grâce à la plateforme de commerce d'énergie à technologie blockchain Power Ledger. Le projet exploite la transparence de la blockchain et les capacités de contrats intelligents pour faciliter les échanges directs d'énergie entre producteurs et consommateurs. Power Ledger réduit la dépendance à l'égard des fournisseurs d'énergie centralisés, favorise l'adoption des énergies renouvelables et permet des marchés énergétiques plus efficaces. Le projet démontre le potentiel de la technologie blockchain pour perturber le secteur énergétique traditionnel et promouvoir des pratiques énergétiques durables.

Une plateforme de réalité virtuelle appelée Decentraland a été créée en utilisant le réseau Ethereum. En utilisant des jetons basés sur la blockchain, les utilisateurs peuvent créer, acquérir, échanger et échanger des actifs virtuels et des biens immobiliers. Central And exploite les fonctionnalités de propriété et de provenance de la blockchain pour permettre une propriété vérifiable des actifs numériques et une gouvernance décentralisée du monde virtuel. Le projet met en valeur le potentiel de la technologie blockchain pour créer de nouveaux modèles économiques et donner aux utilisateurs une véritable propriété et un véritable contrôle sur les actifs numériques.

IPCHAIN est une plateforme basée surlablockchainpourlagestionetlaprotection de la propriété intellectuelle. La plateforme permet aux créateurs d'enregistrer en toute sécurité et de prouver la propriété de leurs actifs de propriété intellectuelle en utilisant lescapacitésd'immuabilitéetd'horodatagedelablockchain.IPCHAIN réduitles risques de violation de la propriété intellectuelle, facilite l'octroi de licences et la collaboration, et favorise la transparence et la confiance dans l'industrie créative. Le projet met en évidence le potentiel de la technologie blockchain pour révolutionner la gestion de la propriété intellectuelle et protéger les droits des créateurs.

Bit Give est une organisation à but non lucratif basée sur la blockchain qui utilise la technologie blockchain pour améliorer la transparence et la responsabilité des dons de bienfaisance. L'organisation suit et vérifie les dons, s'assurant qu'ils parviennent aux bénéficiaires prévus et favorisant la confiance des donateurs. Les fonctionnalités de transparence et de traçabilité de Bit Give permettent aux donateurs de surveiller l'impact de leurs contributions, favorisant ainsi la confiance et augmentant l'efficacité dans le secteur caritatif. Le projet démontre le potentiel de la technologie blockchain pour transformer la philanthropie et améliorer l'efficacité de l'aide humanitaire.

Ces exemples concrets de projets blockchain réussis dans divers secteurs démontrent le potentiel de transformation de la technologie décentralisée. De la gestion de la chaîne d'approvisionnement à la finance, de la gestion des identités aux soins de santé, les projets blockchain ont relevé des défis de longue date et introduit des solutions innovantes. En tirant parti des fonctionnalités principales de la blockchain, notamment l'immuabilité, la transparence et la décentralisation, ces projets ont renforcé la confiance, amélioré l'efficacité et responsabiliser les individus et les organisations. Le succès de ces projets sert d'inspiration et fournit des leçons précieuses pour l'adoption future de la blockchain, encourageant une exploration plus approfondie du potentiel de la technologie blockchain pour remodeler les industries et créer un avenir plus transparent, plus sûr et plus inclusif.

Leçons tirées de la mise en œuvre de la blockchain

La technologie blockchain a suscité une attention considérable en raison de son potentiel à révolutionner les industries et à stimuler l'innovation. Cependant, à mesure que les organisations se lancent dans la mise en œuvre de la blockchain, elles rencontrent des défis et apprennent de précieuses leçons qui façonnent leur approche de la technologie décentralisée. Cette section explore les leçons tirées de la mise en œuvre de la blockchain dans divers secteurs, en fournissant un aperçu des principales considérations, pièges et stratégies pour une adoption réussie. En comprenant ces leçons, les organisations peuvent naviguer dans les complexités de la mise en œuvre de la blockchain et maximiser les avantages de la décentralisation.

L'une des leçons les plus cruciales de la mise en œuvre de la blockchain est l'importance de définir clairement les objectifs et les cas d'utilisation. Les organisations doivent avoir une compréhension claire des problèmes qu'elles souhaitent résoudre et de la manière dont la technologie blockchain peut apporter une solution significative. Sans objectif bien défini, les projets blockchain peuvent souffrir d'un manque d'orientation, d'un mauvais alignement avec les parties prenantes et d'une utilisation inefficace des ressources. En définissant clairement des objectifs, les organisations peuvent concentrer leurs efforts sur des cas d'utilisation spécifiques qui apportent une valeur tangible.

L'évolutivité est une considération essentielle dans la mise en œuvre de la blockchain. Les enseignements ont montré que les réseaux blockchain, en particulier les blockchains publiques, sont confrontés à des limites pour gérer de gros volumes de transactions et atteindre un débit élevé. Les organisations doivent évaluer soigneusement les capacités d'évolutivité de la plateforme blockchain qu'elles ont choisie et explorer des solutions d'évolutivité telles que le partitionnement, les transactions hors chaîne ou les protocoles de couche 2. Relever les défis d'évolutivité dès les premières étapes de mise en œuvre permet d'éviter les goulots d'étranglement et de garantir que le réseau peut répondre aux demandes croissantes.

L'expérience utilisateur est souvent négligée dans la mise en œuvre de la blockchain. Les enseignements ont démontré que des interfaces utilisateur complexes, des processus fastidieux et des courbes d'apprentissage abruptes peuvent entraver l'adoption. Les organisations doivent donner la priorité à l'expérience utilisateur en concevant des interfaces intuitives, en rationalisant les processus et en fournissant une formation et une assistance adéquates aux utilisateurs. En se concentrant sur les principes de conception centrés sur l'utilisateur, les organisations peuvent améliorer l'adoption, l'engagement et la satisfaction des utilisateurs.

La sécurité et la confidentialité sont primordiales dans la mise en œuvre de la blockchain. Les enseignements ont mis en évidence l'importance de mesures de sécurité robustes, d'une gestion sécurisée des clés et de technologies améliorant la confidentialité. Les organisations doivent garantir l'intégrité et la confidentialité des données en mettant en œuvre le cryptage, les contrôles d'accès et la gestion sécurisée des identités. Des audits de sécurité réguliers, des évaluations de vulnérabilité et des plans de réponse aux incidents sont essentiels pour maintenir un écosystème blockchain sécurisé. En répondant de manière proactive aux problèmes de sécurité et de confidentialité, les organisations peuvent renforcer la confiance entre les utilisateurs et les parties prenantes.

La mise en œuvre réussie d'une blockchain nécessite souvent une collaboration et des partenariats. Les enseignements ont montré que forger des alliances avec des pairs du secteur, des régulateurs et des fournisseurs de technologies peut accélérer l'adoption, favoriser l'interopérabilité et relever les défis réglementaires. Les efforts de collaboration peuvent favoriser le partage des connaissances, la normalisation et le développement d'infrastructures partagées. En tirant parti de l'expertise et des ressources collectives, les organisations peuvent surmonter les obstacles et faire progresser l'adoption de la blockchain.

Naviguer dans le paysage réglementaire est une leçon importante tirée de la mise en œuvre de la blockchain. La technologie Blockchain fonctionne dans un environnement réglementaire complexe avec des degrés de clarté variables. Les organisations doivent rester informées des réglementations pertinentes, collaborer avec les régulateurs et rechercher des conseils juridiques pour garantir leur conformité. En participant activement à l'élaboration des cadres réglementaires et en abordant de manière proactive les considérations juridiques, les organisations peuvent favoriser un environnement favorable à l'innovation blockchain.

La mise en œuvre de la blockchain nécessite des connaissances et des compétences spécialisées. Les enseignements ont mis en évidence l'importance d'investir dans l'éducation et le développement des compétences des acteurs techniques et non techniques. Les organisations doivent fournir une formation et des ressources aux employés, partenaires et parties prenantes pour améliorer leur compréhension de la technologie blockchain, de son potentiel et de ses limites. En formant une main-d'œuvre compétente, les organisations peuvent stimuler l'innovation et prendre des décisions éclairées tout au long du processus de mise en œuvre.

Les leçons tirées de la mise en œuvre de la blockchain soulignent l'importance des tests et des itérations. Les organisations doivent effectuer des tests approfondis, notamment des tests fonctionnels, des tests de performances et des tests de sécurité, avant de déployer des solutions blockchain. Les commentaires des utilisateurs et des parties prenantes doivent être activement recherchés et intégrés dans les cycles de développement itératifs. En adoptant une approche de test et d'itération, les organisations peuvent identifier et résoudre les problèmes, affiner leurs solutions et améliorer l'efficacité globale de la mise en œuvre de la blockchain.

La mise en œuvre de la blockchain nécessite souvent un changement culturel et organisationnel. Les enseignements ont montré que la résistance au changement, le manque de compréhension et les cloisonnements internes peuvent entraver le progrès. Les organisations doivent favoriser une culture d'innovation, adopter des stratégies de gestion du changement et promouvoir la collaboration interfonctionnelle. En entretenant un environnement favorable et en alignant les objectifs organisationnels sur les objectifs de la blockchain, les organisations peuvent surmonter les défis culturels et organisationnels et faciliter une mise en œuvre réussie.

Commencer petit et évoluer progressivement est une leçon précieuse dans la mise en œuvre de la blockchain. Les enseignements ont révélé l'importance de piloter des projets à plus petite échelle pour valider les concepts, tester les hypothèses et obtenir des informations précieuses. En commençant par des projets gérables, les organisations peuvent minimiser les risques, tirer les leçons des premières expériences et étendre progressivement la portée et la complexité des implémentations de la blockchain. Cette approche itérative permet aux organisations de s'appuyer sur leurs réussites et d'atténuer les échecs potentiels.

La mise en œuvre de la blockchain est un parcours complexe et transformateur, accompagné de leçons précieuses qui façonnent la voie du succès. Les enseignements tirés de divers secteurs soulignent l'importance de définir clairement des objectifs, de relever les défis d'évolutivité, de donner la priorité à l'expérience utilisateur, de garantir la sécurité et la confidentialité, de favoriser la collaboration, de gérer les considérations réglementaires, d'investir dans l'éducation, d'adopter les tests et l'itération, de surmonter les défis culturels et organisationnels et de commencer. petit et évolue progressivement. En intégrant ces enseignements dans leurs stratégies, les organisations peuvent naviguer dans les complexités de la mise en œuvre de la blockchain, maximiser les avantages de la décentralisation et libérer le potentiel de transformation de cette technologie révolutionnaire.

Histoires inspirantes d'individus et d'organisations tirant parti de la blockchain

La technologie Blockchain a captivé l'imagination des individus et des organisations du monde entier, offrant des opportunités sans précédent en matière d'innovation, de transparence et de décentralisation. Dans différents secteurs, des histoires inspirantes ont émergé d'individus et d'organisations tirant parti de la blockchain pour relever des défis sociétaux, révolutionner les industries et responsabiliser les communautés. Cette section explore certaines de ces histoires inspirantes, soulignant l'impact transformateur de la technologie blockchain et les individus et organisations qui sont à l'origine du changement.

Akon, fondée par l'artiste Akon, nominé aux Grammy Awards, vise à autonomiser les individus en Afrique grâce à la blockchain et à la crypto-monnaie. Akon fournit un écosystème décentralisé pour l'inclusion financière, permettant aux individus d'accéder aux services numériques, d'effectuer des transactions sécurisées et de renforcer leur indépendance économique. En tirant parti de la technologie blockchain, Akon crée une plateforme qui promeut la transparence, la culture financière et l'autonomisation économique des communautés mal desservies.

Le projet Building Blocks du Programme alimentaire mondial des Nations Unies utilise la technologie blockchain pour rationaliser la distribution de l'aide humanitaire et autonomiser les réfugiés. En fournissant aux réfugiés des bons basés sur la blockchain, le projet garantit une allocation transparente et efficace des ressources, éliminant ainsi la fraude et la corruption. Building Blocks démontre comment la blockchain peut améliorer l'efficacité de l'aide humanitaire, protéger les droits des bénéficiaires et permettre un développement durable dans les situations de crise.

Plastic Bank relève à la fois les défis environnementaux et sociaux en tirant parti de la technologie blockchain pour encourager la collecte et le recyclage des déchets plastiques. L'organisation établit des plates-formes basées sur la blockchain où les individus peuvent échanger le plastique collecté contre des jetons numériques, leur offrant ainsi des incitations financières et responsabilisant les communautés locales. En utilisant la blockchain, Plastic Bank promeut la durabilité environnementale, réduit la pollution plastique et crée des opportunités économiques dans les régions en développement.

Mediachain, un projet basé sur la blockchain, se concentre sur la protection et l'attribution des œuvres créatives. Il vise à créer une médiathèque décentralisée et accessible à l'échelle mondiale, où les créateurs peuvent faire valoir les droits de propriété et d'attribution sur leur contenu numérique. Mediachain utilise l'immuabilité et la transparence de la blockchain pour garantir l'intégrité des métadonnées et offrir aux artistes un plus grand contrôle sur leur propriété intellectuelle. En tirant parti de la blockchain, Media Chain ouvre la voie à une rémunération et une reconnaissance équitables pour les artistes et les créateurs.

Impact PPA exploite la technologie blockchain pour permettre des projets d'énergie renouvelable dans les pays en développement. En symbolisant les actifs d'énergie renouvelable, Impact PPA permet aux particuliers d'investir dans des projets d'énergie propre et de contribuer au développement durable. Grâce aux contrats intelligents, la blockchain garantit la transparence, la responsabilité et la participation financière directe dans le secteur des énergies renouvelables. Impact PPA démontre comment la blockchain peut révolutionner l'investissement à impact social et accélérer la transition vers une énergie propre.

Provenance utilise la blockchain pour créer de la transparence et de la traçabilité dans les chaînes d'approvisionnement. En enregistrant chaque étape de la chaîne d'approvisionnement sur un registre blockchain immuable, Provenance permet aux consommateurs de vérifier l'origine, l'authenticité et les pratiques éthiques des produits. Le projet permet aux consommateurs de faire des choix éclairés et encourage les entreprises à adopter des pratiques durables et éthiques. Provenance met en valeur le potentiel de la blockchain pour transformer la gestion de la chaîne d'approvisionnement et promouvoir une consommation responsable.

Nebula Genomics exploite la blockchain pour révolutionner la gestion et la propriété des données génomiques. En utilisant l'architecture décentralisée et le cryptage de la blockchain, Nebula Genomics permet aux individus de stocker, contrôler et monétiser en toute sécurité leurs données génomiques. Cela permet aux individus de contribuer leurs données à la recherche scientifique tout en préservant la propriété et la confidentialité. Nebula Genomics démontre comment la blockchain peut permettre un changement de paradigme dans la gestion des données de santé, en donnant aux individus le contrôle de leurs données.

Democracy.Earth exploite la blockchain pour créer une plateforme de gouvernance décentralisée qui permet une prise de décision transparente et la participation des citoyens. En tirant parti de la transparence et de l'immuabilité de la blockchain, Democracy.Earth permet un vote sécurisé et vérifiable, une gestion des identités et une gouvernance décentralisée. Le projet permet aux individus de participer aux processus décisionnels, réduisant ainsi la dépendance à l'égard des autorités centralisées et favorisant une démocratie plus inclusive.

Un site de médias sociaux basé sur la blockchain appelé Steemit rémunère les producteurs de contenu en crypto-monnaie pour leurs contributions au site. En utilisant l'infrastructure décentralisée de la blockchain, Steemit permet aux utilisateurs de tirer profit de leur contenu directement, sans intermédiaire. La plateforme promeut une répartition plus équitable de la valeur dans l'industrie du contenu numérique, en responsabilisant les créateurs de contenu et en récompensant les contributions de qualité.

Learning Machine utilise la blockchain pour permettre des informations d'identification sécurisées et vérifiables. En délivrant des certificats d'études et des diplômes sur la blockchain, Learning Machine garantit l'intégrité et l'authenticité des résultats académiques. Cela permet aux individus d'être propriétaires et de contrôler leurs dossiers scolaires, facilitant ainsi la confiance et l'interopérabilité entre les établissements et les employeurs.

Ces histoires inspirantes d'individus et d'organisations tirant parti de la technologie blockchain démontrent le pouvoir transformateur de la décentralisation, de la transparence et de la confiance. De l'inclusion financière à l'aide humanitaire, de la conservation de l'environnement à la propriété intellectuelle, la blockchain a permis des solutions innovantes qui génèrent un impact social, responsabilisent les individus et révolutionnent les industries. Ces histoires mettent en évidence l'immense potentiel de la technologie blockchain pour créer un monde plus inclusif, transparent et équitable. Les personnes et les organisations peuvent continuer à inspirer le changement, à créer l'avenir et à utiliser la technologie pour résoudre certains des problèmes les plus importants auxquels est confrontée la planète en adoptant la blockchain.

Chapitre VIII : Naviguer dans le paysage de la blockchain

Ressources pour apprendre et rester à jour sur la blockchain

La technologie Blockchain évolue continuellement, avec de nouveaux développements, tendances et applications émergent régulièrement. Les particuliers et les entreprises ont besoin d'avoir accès à des ressources d'apprentissage et d'information fiables afin de rester informés et de prendre des décisions judicieuses concernant l'adoption de la technologie blockchain. Cette section explore une gamme de ressources qui fournissent du matériel pédagogique précieux, des actualités, des recherches et des opportunités d'engagement communautaire dans l'espace blockchain. En tirant parti de ces ressources, les individus peuvent améliorer leur compréhension de la technologie blockchain et suivre son évolution rapide.

Les plateformes d'apprentissage en ligne offrent un moyen pratique et flexible d'acquérir des connaissances sur la blockchain. Des plateformes telles que Coursera, Udemy et edX proposent une variété de cours et de certifications liés à la blockchain. Ces cours couvrent divers sujets, notamment les principes fondamentaux de la blockchain, le développement de contrats intelligents et les applications de la blockchain dans des secteurs spécifiques. Les apprenants peuvent accéder à des conférences vidéo interactives, des quiz et des devoirs pour approfondir leur compréhension de la technologie blockchain à leur propre rythme.

Les communautés open source jouent un rôle essentiel dans le développement de la blockchain et le partage des connaissances. Des projets comme Ethereum, Hyperledger et Bitcoin disposent de communautés florissantes qui fournissent une documentation complète, des forums et des ressources pour les développeurs. Ces ressources permettent aux individus d'explorer les plateformes blockchain, de contribuer au développement de protocoles blockchain et d'acquérir des informations pratiques sur les mises en œuvre dans le monde réel. S'engager avec des communautés open source favorise l'apprentissage, la collaboration et l'échange d'idées.

Les instituts de recherche sur la blockchain sont des ressources précieuses pour des analyses approfondies, des recherches universitaires et des livres blancs sur la technologie blockchain. Des institutions telles que la MIT Media Lab Digital Currency Initiative, le Stanford Blockchain Research Center et le Blockchain Research Institute produisent des recherches de pointe sur les implications techniques, économiques et sociales de la blockchain. Leurs publications offrent un aperçu des tendances émergentes, des défis et des solutions potentielles, aidant ainsi les individus à rester à la pointe des connaissances en matière de blockchain.

Les associations et organisations spécifiques au secteur fournissent des informations et une expertise spécifiques au secteur sur l'adoption de la blockchain. Les exemples incluent la Blockchain in Transport Alliance (ViTA) pour le secteur du transport et de la logistique, la Blockchain in Healthcare Global (BiG) pour le secteur de la santé et la Blockchain Association pour la défense générale de la blockchain. Ces associations proposent des ressources, des conférences et des rapports industriels qui mettent en évidence les applications pratiques, les défis et les opportunités de la blockchain dans des secteurs spécifiques.

Les agrégateurs et publications d'actualités axés sur la blockchain organisent les dernières nouvelles, articles et mises à jour de l'espace blockchain. Des sites Web comme CoinDesk, Cointelegraph et The Block offrent une couverture complète des développements de la blockchain, y compris les avancées technologiques, les mises à jour réglementaires et les tendances du marché. L'abonnement aux newsletters ou le suivi des comptes de réseaux sociaux de ces plateformes garantit l'accès à des informations opportunes et pertinentes.

Les conférences et événements Blockchain constituent des ressources inestimables pour l'apprentissage et le réseautage au sein de la communauté blockchain. Des événements tels que Consensus, Devcon et Blockchain Week rassemblent des leaders de l'industrie, des développeurs, des chercheurs et des passionnés pour partager des connaissances, discuter des tendances et présenter de nouveaux projets. Assister à des conférences offre la possibilité d'apprendre auprès d'experts, de participer à des tables rondes, de participer à des ateliers et de se connecter avec des personnes partageant les mêmes idées et passionnées par la technologie blockchain.

Les individus peuvent poser des questions, échanger des idées et débattre de la blockchain dans des forums et des communautés en ligne. Des plates-formes telles que r/blockchain de Reddit et Bitcointalk facilitent l'interaction entre pairs,

permettant
aux individus de demander conseil, de partager des informations et de rester informés des derniers développements. Ces communautés favorisent un environnement collaboratif où les individus peuvent apprendre des expériences de chacun et contribuer au savoir collectif.

Les podcasts et les webinaires offrent un support auditif et visuel pour en apprendre davantage sur la blockchain. Des podcasts comme « Unchained » et « Epicentre » présentent des entretiens avec des experts du secteur, couvrant un large éventail de sujets liés à la blockchain. Les webinaires hébergés par des organisations blockchain et des leaders du secteur fournissent des informations sur des cas d'utilisation spécifiques, des défis de mise en œuvre et des tendances émergentes. Ces ressources permettent aux individus d'apprendre en déplacement et de rester informés des dernières informations et discussions.

Les blogs et publications axés sur la blockchain offrent une plate-forme permettant aux leaders d'opinion, aux experts et aux passionnés de partager leurs points de vue et leurs idées. Les blogs et publications notables dans l'espace blockchain incluent la section blockchain de Médium, Insights de CoinTelegraph et la couverture blockchain de Forbes. Ces plateformes publient des articles, des analyses et des articles d'opinion qui couvrent divers aspects de la blockchain, notamment les avancées technologiques, les stratégies commerciales et les évolutions réglementaires.

Pour suivre les mises à jour de la blockchain, les plateformes de médias sociaux comme Twitter, LinkedIn et YouTube offrent un environnement vivant et engageant. Suivre des personnalités influentes et des leaders d'opinion dans l'espace blockchain permet aux individus d'accéder à du contenu sélectionné, de participer à des discussions et de recevoir des mises à jour en temps réel sur les tendances du secteur. S'engager avec la communauté blockchain sur les réseaux sociaux favorise le réseautage, l'apprentissage et l'exposition à diverses perspectives.

Le domaine de la technologie blockchain se développe rapidement, il est donc important que les individus et les entreprises qui tentent de se frayer un chemin dans cet environnement complexe soient informés. Les ressources mentionnées ci-dessus, notamment les plateformes d'apprentissage en ligne, les communautés open source, les instituts de recherche, les associations sectorielles, les agrégateurs d'actualités, les conférences, les forums en ligne, les podcasts, les blogs et les réseaux sociaux, offrent des pistes précieuses pour apprendre et rester à jour sur la blockchain. technologie. En tirant parti de ces ressources, les individus peuvent améliorer leur compréhension, obtenir des informations pratiques et s'engager activement dans la communauté blockchain. La formation continue et le fait de rester informé sont essentiels pour libérer le potentiel de transformation de la technologie blockchain et stimuler l'innovation dans divers secteurs.

Conférences, événements et communautés dans l'espace blockchain

L'industrie de la blockchain est vivante et florissante, avec des développements technologiques continus, l'introduction de nouveaux projets et le développement de nouvelles tendances. Les particuliers et les entreprises s'appuient sur des conférences, des événements et des communautés uniquement dédiés à la technologie blockchain pour les tenir au courant des développements les plus récents de cette technologie en évolution rapide. Ces plateformes offrent d'excellentes opportunités d'apprentissage, de réseautage et de coopération, qui encouragent à leur tour l'échange de connaissances, l'émergence de nouvelles idées et le développement de pratiques innovantes. Cette section traite de l'importance des conférences, des événements et des communautés dans le domaine de la blockchain, en soulignant leur impact sur l'écosystème ainsi que leur rôle dans la détermination de la direction que prendra la technologie blockchain à l'avenir.

Les conférences organisées dans le domaine de la blockchain constituent des événements phares de l'industrie, car elles rassemblent des leaders de l'industrie, des développeurs, des chercheurs, des investisseurs et des passionnés du monde entier. Ces événements constituent un forum dans lequel les leaders d'opinion peuvent échanger leurs points de vue, présenter des projets innovants et discuter des développements récents dans l'industrie ainsi que des problèmes à venir. Les conférences offrent une grande variété d'événements, tels que des discours d'ouverture, des tables rondes, des séminaires et des opportunités de réseautage avec d'autres participants. Blockchain Week, Consensus et Devcon sont trois conférences blockchain notables qui attirent chacune des milliers de personnes désireuses de participer à la communauté blockchain.

Les participants à une conférence se voient offrir des opportunités d'apprentissage sans précédent. Les discours d'ouverture prononcés par les leaders de l'industrie fournissent des informations extrêmement utiles sur les tendances en développement, les orientations futures potentielles et les applications de la technologie blockchain dans le monde réel. Les tables rondes rassemblant des experts en la matière issus de divers domaines pour avoir des dialogues stimulants et échanger leurs points de vue avec les membres du public. En participant à des ateliers et à des sessions techniques offrant des opportunités d'apprentissage pratique, les participants auront l'occasion d'acquérir des compétences pratiques dans une gamme de sujets, notamment la création de contrats intelligents, la finance décentralisée (DéFi) et l'évolutivité de la blockchain.

Les opportunités de réseautage et de coopération présentées lors des conférences blockchain comptent parmi les avantages les plus importants qu'elles offrent. Afin de développer des efforts de collaboration qui aboutiront éventuellement à l'expansion des entreprises, les participants auront la chance de réseauter avec des personnalités notables de leurs secteurs respectifs ainsi qu'avec des chercheurs et des propriétaires d'entreprises. Les participants à une conférence peuvent avoir des échanges importants, comparer et contraster leurs propres expériences et nouer de nouvelles relations d'affaires dans l'atmosphère dynamique créée par l'événement. Les individus et les organisations peuvent développer leur réseau professionnel, rechercher des investisseurs ou des partenaires potentiels et explorer de nouvelles opportunités commerciales au sein de l'écosystème blockchain en profitant des opportunités de réseautage qui s'offrent à eux grâce à ces options.

Les entreprises et les projets blockchain peuvent démontrer leurs innovations lors de conférences grâce à la scène offerte par ces événements. Il est courant que les startups participent à des concours de pitch ou disposent d'espaces d'exposition spécifiquement désignés pour leurs produits ou services. Grâce à cette visibilité, les entrepreneurs ont plus de chances d'attirer des financements et de la publicité, ainsi que de recevoir des commentaires utiles de la part d'experts du secteur et de clients potentiels. Les organisations blockchain établies ont également la possibilité de présenter des mises à jour sur leurs projets, de mettre en évidence leurs réalisations et d'annoncer de nouvelles alliances ou initiatives lors de conférences.

Les startups blockchain ont du mal à communiquer avec des investisseurs potentiels sans l'aide de conférences. Les investisseurs assistent à des conférences pour découvrir de nouvelles opportunités d'investissement et se tenir au courant des développements les plus récents dans leurs secteurs respectifs. Les startups disposent d'une plate-forme pour discuter de leurs idées, rechercher des fonds et créer des contacts avec des investisseurs en capital-risque, des investisseurs providentiels et des partenaires stratégiques lorsqu'elles participent à des sessions de pitch de startup, à des panels d'investisseurs et à des événements de réseautage d'investisseurs dédiés. Les efforts des entreprises blockchain pour lever des capitaux peuvent être considérablement améliorés en assistant à des conférences où ils seront présentés à un grand nombre d'investisseurs potentiels en un seul endroit.

Outre les conférences mondiales à grande échelle, il existe également des événements régionaux et spécialisés qui se concentrent sur des facettes particulières de la technologie blockchain ou s'adressent aux communautés locales. Ces événements peuvent être trouvés partout dans le monde. Ces événements offrent aux participants ayant des intérêts particuliers ou une priorité géographique la possibilité de réseauter et d'accéder à un contenu spécifiquement adapté à leurs besoins. Les événements régionaux permettent aux communautés blockchain locales de communiquer entre elles à un niveau plus personnel et de mettre en relation les participants avec les leaders de l'industrie et les professionnels de leurs régions respectives. Les événements de niche, comme ceux dédiés à la finance décentralisée (DéFi), aux technologies qui améliorent la vie privée ou à la blockchain à impact social, permettent d'approfondir des secteurs spécialisés, ce qui facilite des discussions concentrées et le partage de connaissances.

La communauté blockchain est devenue plus réceptive aux événements en ligne et hybrides ces dernières années, notamment en réaction à la propagation des pandémies mondiales et aux restrictions imposées aux voyages. L'accessibilité et la commodité sont assurées par des conférences en ligne et des événements virtuels, qui permettent aux participants du monde entier de rejoindre des sessions, de communiquer avec des conférenciers et de réseauter avec d'autres participants. Dans le but de produire des expériences immersives et de garantir l'engagement actif des participants, les événements utilisent fréquemment des plateformes de conférence virtuelles et des outils de collaboration. Les événements hybrides comportent à la fois des composants en personne et en ligne, permettant à un plus grand nombre de participants de prendre part à des conversations et à des sessions en temps réel que ce qui est possible lors d'événements traditionnels.

Au-delà du domaine des conférences et événements blockchain, l'épine dorsale de l'écosystème est constituée de communautés et de réunions blockchain. Ces communautés, disponibles en ligne et hors ligne, rassemblent des personnes intéressées par la technologie blockchain, notamment des développeurs, des chercheurs et des professionnels de l'industrie. Les contacts entre pairs, les discussions et l'échange de connaissances sont facilités par l'utilisation de forums en ligne tels que Bitcointalk et r/blockchain de Reddit. Les réunions locales de blockchain, organisées par des initiatives communautaires, offrent des possibilités de rencontres en face à face, de réseautage et de collaboration au sein de régions géographiques spécifiques. Ces rencontres ont lieu dans des lieux précis. Ces réseaux cultivent un sentiment d'appartenance, inspirent la créativité au niveau local et offrent un environnement convivial aux passionnés de blockchain.

Les hackathons et les communautés de développeurs sont des éléments importants de l'écosystème de la technologie blockchain car ils favorisent l'innovation et propulsent le progrès technique. Les développeurs ont la possibilité de travailler ensemble pour créer des applications décentralisées (DApps), des contrats intelligents ou une infrastructure blockchain lors de hackathons, qui servent de lieu à une telle collaboration. Les participants doivent souvent penser de manière créative et trouver des solutions à des problèmes pertinents pour le monde réel lors de ces événements, qui comportent souvent des thèmes ou des défis uniques. Les communautés de développeurs, comme celles centrées sur Ethereum ou Hyperledger, encouragent l'échange d'informations et de ressources, ainsi que le développement de projets collaboratifs, ce qui accélère l'expansion de l'écosystème des développeurs blockchain.

L'écosystème blockchain héberge un certain nombre de conférences, d'événements et de groupes, qui jouent tous un rôle important dans le développement de la formation continue et de la participation. Les individus peuvent se tenir au courant des avancées les plus récentes dans le secteur de la blockchain, acquérir des informations auprès des professionnels du secteur et construire leurs réseaux professionnels en participant à des conférences et des événements. La participation à des communautés blockchain permet aux utilisateurs d'accéder à des ressources pédagogiques, à des tutoriels et à des opportunités de mentorat, ce qui leur permet d'améliorer leurs capacités et de développer une compréhension plus approfondie de la technologie blockchain. Il est essentiel de poursuivre l'éducation et la participation au sein de l'écosystème de la blockchain afin de propulser l'innovation et de progresser dans le domaine de l'adoption de la technologie blockchain.

Les connaissances, la collaboration et l'invention peuvent être trouvées en abondance lors de conférences, d'événements et de communautés centrées sur la technologie blockchain. Au sein de l'écosystème blockchain, ils servent de forums d'apprentissage, de réseautage, de présentation de projets créatifs et de connexion des individus et des entreprises entre eux. Ces communautés et réunions offrent une multitude d'opportunités de partage d'informations, de génération d'idées et de travail collaboratif. Ces communautés et rassemblements vont des conférences mondiales à grande échelle aux événements régionaux, en passant par les plateformes Internet et les rencontres de base. Les particuliers et les entreprises peuvent se tenir au courant des tendances les plus récentes en matière de technologie blockchain, établir des liens précieux et contribuer à l'avancement de cette technologie transformatrice en s'engageant activement dans des conférences, des événements et des communautés liés à la blockchain.

Opportunités de carrière et d'entrepreneuriat dans la blockchain

La technologie Blockchain est apparue comme un changement de jeu, perturbant les industries et révolutionnant les systèmes traditionnels. À mesure que l'adoption de la blockchain continue de se développer, elle crée une multitude d'opportunités pour les personnes à la recherche d'une carrière ou d'un esprit d'entreprise dans ce domaine en pleine transformation. Cette section explore les différentes voies de développement de carrière et d'entrepreneuriat dans la blockchain, en soulignant le potentiel d'innovation, de croissance et d'impact de cette industrie en évolution.

Le développement et l'ingénierie de la blockchain sont très demandés alors que les organisations recherchent des professionnels qualifiés pour créer des applications décentralisées (DApps), des contrats intelligents et une infrastructure blockchain. La maîtrise des langages de programmation tels que Solidity, JavaScript et Go, ainsi que la connaissance des plateformes blockchain comme Ethereum et Hyperledger, sont essentielles pour les développeurs blockchain. Des opportunités de carrière existent à la fois dans les entreprises blockchain établies et dans les startups, où les développeurs peuvent contribuer à la création de solutions blockchain innovantes.

Les professionnels de la sécurité et les auditeurs de la blockchain sont de plus en plus demandés à mesure que la technologie blockchain est de plus en plus utilisée. Ces professionnels jouent un rôle essentiel dans l'évaluation des vulnérabilités de sécurité des systèmes blockchain, dans la réalisation d'audits pour garantir le respect des meilleures pratiques et dans la mise en œuvre de mesures de sécurité robustes. Les certifications de sécurité Blockchain, telles que Certified Blockchain Security Professional (CBSP), améliorent les informations d'identification dans ce domaine spécialisé. La sécurité restant une préoccupation majeure dans le domaine de la blockchain, il existe de nombreuses opportunités pour les personnes compétentes dans ce domaine.

La blockchain offre des opportunités passionnantes dans des rôles de développement commercial et de conseil. Les professionnels possédant une compréhension approfondie de la technologie blockchain, combinée à une expertise dans des secteurs spécifiques, peuvent guider les organisations dans l'exploitation de la blockchain pour rationaliser les processus, améliorer la transparence et stimuler l'innovation. Les rôles de développement commercial impliquent d'identifier des partenariats stratégiques, d'explorer de nouveaux marchés et de favoriser l'adoption de la blockchain. Les postes de consultant fournissent des services de conseil aux organisations cherchant à intégrer la blockchain dans leurs opérations, les aidant à relever les défis réglementaires et à identifier les cas d'utilisation qui génèrent de la valeur.

À mesure que la technologie blockchain continue d'évoluer, des cadres juridiques et réglementaires sont établis pour régir ses applications. Les avocats et les professionnels du droit spécialisés dans le droit de la blockchain et des crypto-monnaies sont très demandés pour fournir des conseils sur les questions de conformité, de propriété intellectuelle, de confidentialité et de réglementation. Ces professionnels aident les organisations à naviguer dans les complexités juridiques de la mise en œuvre de la blockchain, en garantissant le respect des lois et réglementations applicables. Des opportunités de carrière existent également au sein des organismes de réglementation, où les individus peuvent contribuer à l'élaboration de politiques et de cadres qui favorisent l'innovation blockchain tout en répondant aux préoccupations liées à la fraude, à la sécurité et à la protection des consommateurs.

La blockchain présente une opportunité exceptionnelle pour l'entrepreneuriat, permettant aux individus de créer des startups et des projets innovants dans ce domaine émergent. Les entrepreneurs peuvent explorer diverses voies, notamment le développement d'applications basées sur la blockchain, le lancement d'offres initiales de pièces de monnaie (ICO) ou d'actifs tokenizers, ou la création de plateformes décentralisées. La nature décentralisée de la technologie blockchain permet aux entrepreneurs de bouleverser les industries traditionnelles, de créer de nouveaux modèles commerciaux et de remettre en question les normes existantes. Les startups dans des domaines tels que la finance décentralisée (DéFi), la chaîne d'approvisionnement, les soins de santé et la gestion des identités ont gagné du terrain, démontrant le potentiel entrepreneurial de la technologie blockchain.

La croissance rapide de la blockchain a créé des opportunités pour les personnes intéressées par la recherche universitaire et l'éducation. Les universités et les instituts de recherche créent des centres de recherche axés sur la blockchain, créent des programmes universitaires et mènent des recherches de pointe sur la technologie blockchain. Les chercheurs peuvent approfondir des domaines tels que les mécanismes de consensus, les solutions d'évolutivité, les technologies améliorant la confidentialité et les implications économiques de la blockchain. Les enseignants peuvent contribuer en concevant et en enseignant des cours sur la blockchain, contribuant ainsi à façonner la prochaine génération de professionnels de la blockchain.

À mesure que l'écosystème blockchain se développe, il existe un besoin croissant de journalistes et de créateurs de contenu capables de combler le fossé entre les subtilités techniques et la compréhension générale. Le journalisme blockchain consiste à rendre compte de l'actualité liée à la blockchain, à analyser les tendances du secteur et à mener des entretiens avec des acteurs clés du secteur. Les créateurs de contenu produisent du matériel pédagogique, des livres blancs, des articles de blog et des vidéos qui simplifient les concepts complexes de blockchain pour un public plus large. Ces rôles contribuent à sensibiliser, à favoriser la compréhension et à favoriser l'adoption de la technologie blockchain.

La nature décentralisée et la transparence de la blockchain en font un outil puissant pour les initiatives à impact social. Les organisations et initiatives à but non lucratif utilisent la blockchain pour relever des défis mondiaux tels que la pauvreté, la gestion de l'identité, l'aide humanitaire et la durabilité environnementale. Il existe des opportunités pour les personnes passionnées par l'exploitation de la blockchain pour un changement social positif de rejoindre ou de créer des organisations à but non lucratif, de développer des projets à impact ou de travailler avec des initiatives existantes pour conduire la transformation sociale.

Les entreprises et les projets blockchain ont besoin de professionnels du marketing qualifiés pour sensibiliser, créer des communautés et promouvoir l'adoption. Les rôles marketing dans l'espace blockchain impliquent la création de stratégies marketing, la gestion des canaux de médias sociaux, l'organisation d'événements et de rencontres et la promotion de l'engagement au sein de la communauté blockchain. Les gestionnaires de communauté jouent un rôle crucial dans la création et le maintien de communautés blockchain dynamiques, en facilitant les discussions, en répondant aux préoccupations et en promouvant la collaboration entre les membres de la communauté.

Les gouvernements du monde entier reconnaissent le potentiel transformateur de la technologie blockchain et explorent activement ses applications. Des opportunités existent pour les personnes intéressées à travailler avec des agences gouvernementales et des organismes de réglementation pour façonner les politiques de blockchain, développer des cadres pour l'adoption de la blockchain et contribuer au paysage réglementaire. Les rôles du gouvernement dans la blockchain impliquent l'élaboration de politiques, la planification stratégique et la promotion de la collaboration entre les secteurs public et privé pour créer un environnement propice à l'innovation blockchain.

Les opportunités de développement de carrière et d'entrepreneuriat dans l'espace blockchain sont vastes et passionnantes. Alors que la technologie blockchain continue de perturber les systèmes et les industries traditionnels, les professionnels d'horizons divers peuvent trouver des moyens de contribuer et d'avoir un impact significatif. Qu'il s'agisse de développement et d'ingénierie, de sécurité et d'audit, de développement commercial et de conseil, de conformité juridique et réglementaire, d'entrepreneuriat, de recherche universitaire, de journalisme, d'initiatives à but non lucratif, de marketing ou de fonctions gouvernementales, la blockchain offre un terrain fertile permettant aux individus de libérer leur créativité. savoir-faire et passion. En saisissant ces opportunités, les individus peuvent devenir des acteurs clés dans l'adoption de la blockchain, façonner l'avenir des industries et libérer le potentiel de cette technologie transformatrice.

Conclusion

Récapitulatif des concepts clés et des points à retenir

Au cours de cette exploration de la technologie blockchain, nous avons exploré une variété d'idées, d'applications, de difficultés et d'opportunités rendues disponibles par cette technologie transformatrice. Alors que nous arrivons à la fin de notre voyage, il est important de passer en revue les idées et les leçons les plus importantes qui ont été apprises tout au long du parcours. L'objectif de cette section est de servir d'examen approfondi en fournissant un bref résumé des concepts essentiels et des informations précieuses recueillies grâce à notre exploration de la blockchain.

I. Technologie Blockchain :

L'objectif de la technologie Blockchain est de créer un grand livre décentralisé, transparent et immuable capable d'enregistrer les transactions effectuées sur plusieurs ordinateurs. Il utilise des techniques cryptographiques dans le but d'assurer la sécurité et les procédures de consensus pour la validation et la vérification des transactions. La pierre angulaire du potentiel disruptif de la blockchain réside dans ses propriétés fondamentales, telles que la décentralisation, la transparence, l'immuabilité et la sécurité cryptographique. Ces caractéristiques sont au cœur de la technologie blockchain.

II. Cryptographie et sécurité :

La fourniture de communications sécurisées, l'intégrité des données et la vérification de l'identité sont toutes assurées par la cryptographie, qui est un composant essentiel de la technologie blockchain. Le concept de cryptographie à clé publique, ainsi que les fonctions de hachage et les signatures numériques, sont tous des éléments cruciaux dans le processus de sécurisation des transactions sur une blockchain. La technologie Blockchain utilise diverses méthodes cryptographiques afin de se prémunir contre la fraude, de maintenir l'intégrité et la confidentialité des données et de sécuriser les transactions peer-to-peer.

III. Mécanismes de décentralisation et de consensus :

La blockchain se caractérise par sa qualité première de décentralisation, qui fait référence à la répartition du pouvoir et du contrôle au sein d'un réseau d'individus plutôt que d'une seule autorité centrale. Les transactions peuvent être convenues et validées sur l'ensemble du réseau à l'aide de mécanismes de consensus tels que la preuve de travail (PoW), la preuve de participation (PoS) et la preuve de participation déléguée (DPoS). Ces techniques garantissent le maintien de la confiance, supprimant le recours à des intermédiaires et rendent le système plus résistant aux attaques.

IV.Contratsintelligents :

Les contrats auto-exécutables dont les termes et conditions sont codés directement dans le code sont appelés contrats intelligents. Ils éliminent le besoin d'intermédiaires en automatisant le processus d'exécution des accords, ce qui améliore considérablement l'efficacité et la transparence. Les contrats intelligents, qui ont plusieurs applications dans différents secteurs, tels que la finance, la chaîne d'approvisionnement, la santé ainsi que l'immobilier, peuvent transformer les processus contractuels conventionnels.

V.Applications de la blockchain :

La technologie Blockchain a le potentiel de changer de nombreuses entreprises différentes car elle offre efficacité, sécurité et transparence. La technologie Blockchain permet des transactions plus rapides au-delà des frontières internationales, réduit les coûts de transaction et augmente la transparence dans les secteurs bancaire et financier. L'utilisation de la technologie blockchain améliore la traçabilité, empêche la production de produits contrefaits et garantit un approvisionnement éthique dans la gestion de la chaîne d'approvisionnement. Dans le domaine médical, la technologie blockchain permet un échange de données sécurisé, une interopérabilité et des soins centrés sur le patient. La technologie Blockchain améliore l'ouverture, l'efficacité et la confiance dans l'administration publique, qui sont autant de facteurs importants au sein du gouvernement et de la fonction publique. La technologie Blockchain favorise l'utilisation de sources d'énergie renouvelables et facilite le commerce d'énergie entre pairs dans les secteurs de l'énergie et des services publics.

VI. Défis et limites :

La mise en œuvre de la technologie blockchain se heurte à un certain nombre d'obstacles et de restrictions. Les réseaux blockchain actuels rencontrent des contraintes en termes de vitesse et de débit des transactions, ce qui indique que l'évolutivité continue d'être un obstacle sérieux. En raison du grand nombre de plates-formes et de normes blockchain différentes, l'interopérabilité peut être un problème difficile à résoudre. Les considérations en matière de confidentialité et de réglementation nécessitent des recherches approfondies, établissant un équilibre entre l'exigence de protection des données et le désir de transparence. La consommation d'énergie est un autre obstacle, car les processus de consensus de preuve de travail nécessitent une puissance de calcul importante. Surmonter ces obstacles est essentiel pour étendre l'utilisation de la technologie blockchain.

VII. Opportunités et impact :

Une technologie de registre distribué connue sous le nom de blockchain, également connue sous le nom de blockchain, offre d'énormes perspectives d'innovation, d'entrepreneuriat et d'impact positif sur la société. Parce qu'il donne accès aux services financiers à ceux qui ne sont pas bancarisés, il leur permet de participer au système financier. Les individus contrôlent leurs données personnelles et sont protégés contre le vol d'identité lorsqu'ils utilisent des solutions de gestion d'identité basées sur la technologie blockchain. La tokenisation et la finance décentralisée (DéFi) ouvrent de nouvelles portes aux opportunités d'investissement et à la fourniture de services financiers. La transparence, la traçabilité et la durabilité dans les chaînes d'approvisionnement sont toutes améliorées par les solutions rendues possibles par la technologie blockchain. La gestion des dossiers médicaux pourrait être complètement transformée par la technologie blockchain, ce qui entraînerait également de meilleurs résultats pour les patients et rendrait possible la médecine de précision. La technologie Blockchain améliore l'ouverture, l'efficacité et la confiance dans l'administration publique, qui sont autant de facteurs importants au sein du gouvernement et de la fonction publique. La technologie Blockchain peut être utilisée par le secteur de l'énergie pour faciliter le commerce décentralisé de l'énergie et l'intégration des sources d'énergie renouvelables.

VIII. L'avenir de la blockchain :

La technologie blockchain a un brillant avenir grâce au développement constant de nouvelles applications et d'améliorations. Des solutions d'interopérabilité commencent à émerger, qui permettront aux blockchains de communiquer et de s'intégrer les unes aux autres de manière fluide. Les solutions d'évolutivité, telles que les protocoles de partitionnement et de couche deux, visent à résoudre les restrictions d'évolutivité des réseaux blockchain actuellement utilisés. Pour protéger les données sensibles tout en conservant un haut niveau d'ouverture, de nouvelles technologies améliorant la confidentialité sont actuellement en cours de développement. Quelques exemples de ces technologies incluent les preuves sans connaissance et le cryptage homomorphe. L'Internet des objets (IoT), l'IA ainsi que l'apprentissage automatique (ML) ne sont que quelques-unes des technologies émergentes dans lesquelles la blockchain est en mesure de jouer un rôle important. En conséquence, des éco-systèmes décentralisés sécurisés seront possibles.

IX. Considérations éthiques:

Les considérations éthiques deviennent de plus en plus essentielles parallèlement à la progression de la technologie blockchain. Il est absolument nécessaire de trouver un équilibre approprié entre ouverture et confidentialité afin de garantir le traitement éthique des informations individuelles. Il est absolument nécessaire, pour éviter l'exclusion, d'œuvrer à réduire la fracture numérique et à garantir l'accessibilité pour tous. Des efforts devraient être faits pour réduire la consommation d'énergie et rechercher des options plus respectueuses de l'environnement. La durabilité environnementale devrait être une priorité. De plus, les questions éthiques liées à la gouvernance, à la prise de décision et à la possibilité d'effets involontaires devraient être au premier plan du développement de la blockchain.

Alors que nous arrivons à la fin de notre exploration de la technologie blockchain, il devient tout à fait clair que cette avancée révolutionnaire est extrêmement prometteuse dans tous les secteurs de l'industrie et de la société. La blockchain modifie les systèmes existants et ouvre de nouvelles opportunités, depuis les concepts fondamentaux de décentralisation, de transparence et de sécurité cryptographique jusqu'à ses applications dans les domaines bancaire, de la chaîne d'approvisionnement, des soins de santé et de la gouvernance. La blockchain ouvre également de nouvelles possibilités. Malgré cela, il reste encore un certain nombre d'obstacles à surmonter, et favoriser l'adoption responsable de la blockchain nécessite un examen attentif de l'évolutivité, de l'interopérabilité, de la confidentialité et des considérations éthiques. Nous sommes capables de parcourir un terrain changeant et de contribuer à la réalisation de l'impact révolutionnaire de la blockchain si nous comprenons les concepts fondamentaux et les points à retenir de la blockchain. L'avenir de la technologie blockchain et l'impact considérable qu'elle aura sur notre monde connecté seront déterminés par la manière dont nous répondrons aux opportunités qu'elle présente, dont nous traiterons les problèmes qu'elle pose et dont nous respecterons les considérations éthiques.

Réflexion sur le potentiel transformateur de la blockchain

Une technologie de registre distribué connue sous le nom de blockchain est devenue une force perturbatrice qui bouleverse les anciennes institutions et a le potentiel de révolutionner les industries du monde entier. En considérant le pouvoir disruptif de la technologie blockchain, nous prenons conscience de sa capacité à révolutionner non seulement la confiance mais aussi la transparence et l'innovation. Cette section examine l'impact profond de la technologie blockchain, en se concentrant sur sa capacité à donner plus de pouvoir aux individus, à favoriser des écosystèmes décentralisés et à ouvrir de nouvelles opportunités pour l'avenir.

I. Transformer la confiance :

La confiance est un pilier fondamental de la société et de l'économie. La technologie Blockchain a le potentiel de révolutionner la confiance en fournissant un registre décentralisé, transparent et immuable. L'utilisation d'algorithmes cryptographiques garantit l'intégrité et la sécurité des données, tandis que les mécanismes de consensus décentralisés permettent la confiance dans les transactions et les interactions. En supprimant le besoin d'intermédiaires, la blockchain élimine le recours traditionnel aux autorités centralisées et place la confiance dans le pouvoir collectif d'un réseau. Ce potentiel de transformation a des implications dans des secteurs tels que la finance, la chaîne d'approvisionnement, la santé et la gouvernance, où la confiance joue un rôle essentiel.

II. Améliorer la transparence :

La transparence est la pierre angulaire des systèmes responsables. La technologie Blockchain introduit un nouveau niveau de transparence en enregistrant et en stockant
les transactions dans un registre immuable et accessible au public. Cette transparence favorise la responsabilité, car tous les participants ont accès au même ensemble de données vérifiées. Dans les secteurs en proie à l'opacité, comme la gestion de la chaîne d'approvisionnement et la santé, la blockchain apporte de la visibilité sur le mouvement des marchandises, l'origine des produits et l'intégrité des données. Cette transparence accrue permet une meilleure traçabilité, réduit la fraude et la corruption et permet aux consommateurs de prendre des décisions éclairées.

III. Autonomiser les individus :

La technologie Blockchain donne du pouvoir aux individus en leur donnant le contrôle de leurs données, de leur identité numérique et de leurs transactions financières. Grâce à des solutions d'identité autonomes basées sur la blockchain, les individus peuvent gérer leurs informations personnelles en toute sécurité et les partager de manière sélective avec des parties de confiance. L'inclusion financière est un autre domaine dans lequel la blockchain a un potentiel de transformation, car elle permet l'accès aux services financiers aux populations non bancarisées et sous-bancarisées. En supprimant les intermédiaires et en facilitant les transactions peer-to-peer, la blockchain permet aux individus, en particulier dans les économies en développement, de participer à l'économie numérique mondiale.

IV. Favoriser les éco systèmes décentralisés :

La nature décentralisée de la technologie blockchain présente des opportunités pour le développement d'écosystèmes robustes et résilients. Les applications décentralisées (DApps) basées sur la blockchain exploitent les contrats intelligents pour automatiser les processus, éliminer les intermédiaires et créer des interactions sans confiance. Ces écosystèmes favorisent la collaboration, encouragent la participation et permettent des transactions peer-to-peer sans avoir besoin d'un contrôle centralisé. La finance décentralisée (DéFi) illustre le potentiel de la blockchain dans la création de nouveaux écosystèmes financiers, dans lesquels les individus peuvent prêter, emprunter et investir sans confiance, ouvrant ainsi des opportunités d'innovation financière.

V. Industries en transformation :

La blockchain a le pouvoir de transformer des industries à tous les niveaux. Dans les domaines financier et bancaire, la blockchain permet des transactions transfrontalières plus rapides et plus sécurisées, réduit les coûts et facilite l'inclusion financière. La gestion de la chaîne d'approvisionnement bénéficie de la capacité de la blockchain à améliorer la traçabilité, à prévenir les produits contrefaits et à garantir un approvisionnement éthique. Dans le domaine de la santé, la blockchain facilite l'échange sécurisé de données, l'interopérabilité et les soins centrés sur le patient. La gouvernance et les services publics peuvent bénéficier d'une transparence, d'une efficacité et d'une confiance accrues dans l'administration publique. La blockchain a également le potentiel de révolutionner l'énergie et les services publics, en permettant le commerce de l'énergie entre homologues et en favorisant l'adoption des énergies renouvelables. Ces applications qui transforment l'industrie mettent en évidence le potentiel considérable de la technologie blockchain.

VI. Promouvoir l'innovation et la collaboration :

La technologie Blockchain favorise l'innovation et la collaboration en fournissant une base pour l'expérimentation et le développement de nouveaux modèles commerciaux. Les startups et les entrepreneurs peuvent tirer parti de la blockchain pour créer des applications décentralisées, lancer des offres initiales de pièces (ICO) ou créer des écosystèmes tokenisés. La nature open source de la blockchain encourage la collaboration et le partage des connaissances, conduisant à des progrès collectifs dans la technologie. L'interopérabilité des plateformes blockchain permet l'intégration de différentes solutions, permettant la collaboration entre divers acteurs de l'industrie. Cet environnement collaboratif favorise l'innovation, facilite l'échange d'idées et accélère le développement d'applications blockchain.

VII. Relever les défis mondiaux :

La technologie blockchain est prometteuse pour relever les défis mondiaux tels que la pauvreté, la corruption, le vol d'identité et la durabilité environnementale. En fournissant des systèmes transparents et traçables, la blockchain peut promouvoir la responsabilité et lutter contre la corruption dans l'administration publique et l'aide internationale. Les solutions de gestion d'identité basées sur la blockchain permettent aux individus de contrôler leurs données personnelles, de se protéger contre le vol d'identité et de faciliter l'accès aux services essentiels. La durabilité environnementale peut être améliorée grâce à la capacité de la blockchain à suivre et à certifier la provenance des marchandises, à promouvoir des chaînes d'approvisionnement durables et à permettre des systèmes énergétiques décentralisés.

VIII. Naviguer dans les défis et les limites :

Si la blockchain recèle un potentiel de transformation, elle est également confrontée à des défis et à des limites. L'évolutivité reste un obstacle important, car les réseaux blockchain actuels ont du mal à gérer les volumes de transactions nécessaires à une adoption généralisée. Les défis d'interopérabilité découlent de la fragmentation des plateformes blockchain et du manque de protocoles standardisés. Les préoccupations en matière de confidentialité nécessitent un examen attentif, en trouvant un équilibre entre transparence et protection des données. La consommation d'énergie associée aux mécanismes de consensus, tels que le Proof of Work, soulève des préoccupations environnementales. Surmonter ces défis grâce aux progrès technologiques, à la collaboration industrielle et aux cadres réglementaires est essentiel pour réaliser tout le potentiel de la technologie blockchain.

IX. Considérations éthiques:

Comme pour toute technologie transformatrice, des considérations éthiques se posent lors de l'adoption de la blockchain. Il est essentiel de trouver un équilibre entre transparence et confidentialité pour protéger les droits des individus et prévenir toute utilisation abusive des données personnelles. Garantir l'inclusivité et réduire la fracture numérique sont impératifs pour prévenir l'exclusion et garantir un accès équitable aux solutions blockchain. L'impact de la blockchain sur l'emploi et les marchés du travail doit être pris en compte, en reconnaissant les perturbations potentielles tout en créant de nouvelles opportunités. De plus, les processus de gouvernance et de prise de décision doivent être transparents, inclusifs et responsables pour éviter la concentration du pouvoir et les conséquences imprévues.

En réfléchissant au potentiel transformateur de la blockchain, nous reconnaissons sa capacité à redéfinir la confiance, la transparence et l'innovation. De l'amélioration de la transparence et de l'autonomisation des individus à la création d'écosystèmes décentralisés et à la transformation des industries, la technologie blockchain offre un changement de paradigme dans la façon dont nous interagissons, effectuons des transactions et collaborons. Même si des défis et des considérations éthiques existent, les opportunités présentées par la blockchain sont immenses. En adoptant cette technologie de manière responsable, en favorisant la collaboration et en relevant les défis, nous pouvons tracer la voie vers un avenir où la blockchain ouvre de nouvelles possibilités, responsabilise les individus et crée un impact sociétal positif.

Anticiper les évolutions futures de la technologie blockchain

La technologie Blockchain a parcouru un long chemin depuis sa création, révolutionnant les industries et remettant en question les systèmes traditionnels. Alors que nous regardons vers l'avenir, il est crucial d'anticiper les développements et les avancées qui façonneront la prochaine vague d'innovation blockchain. Cette section explore les voies potentielles de croissance, les tendances émergentes et les développements anticipés de la technologie blockchain, offrant un aperçu du potentiel de transformation de cette technologie révolutionnaire.

I. Solutions d'évolutivité :

L'évolutivité constitue un défi persistant pour la technologie blockchain. À mesure que l'adoption augmente, les réseaux blockchain doivent tenir compte des limitations de vitesse et de débit des transactions. Les développements attendus incluent l'exploration du sharding, où la blockchain est divisée en morceaux plus petits et plus faciles à gérer, et des protocoles de couche deux qui permettent des transactions hors chaîne tout en préservant la sécurité et l'intégrité de la blockchain principale. Ces solutions d'évolutivité ouvriront la voie à une adoption plus large de la blockchain dans les secteurs nécessitant des volumes de transactions élevés, tels que la finance, la chaîne d'approvisionnement et les applications décentralisées.

II. Interopérabilité et solutions inter-chaînes :

L'interopérabilité est un autre domaine critique pour les développements futurs de la technologie blockchain. À mesure que de nombreuses plates-formes blockchain émergent, le besoin d'une communication et d'un échange de données transparents entre différents réseaux devient crucial. Les solutions d'interopérabilité visent à combler le fossé entre les différents écosystèmes blockchain, permettant le transfert d'actifs et d'informations sur plusieurs plateformes. Les protocoles inter-chaînes, tels que Polkadot et Cosmos, cherchent à créer des réseaux interopérables qui facilitent la collaboration, l'innovation et l'échange de valeur entre divers écosystèmes blockchain.

III. Technologies améliorant la confidentialité :

La confidentialité est un sujet de préoccupation dans la blockchain, en particulier en raison de la nature publique et transparente des réseaux blockchain traditionnels. Les développements futurs des technologies améliorant la confidentialité visent à répondre
à ces préoccupations. Les preuves sans connaissance, le cryptage homomorphe et les techniques de calcul multipartites sécurisées permettent des transactions et des échanges de données sécurisés et privés sans compromettre l'intégrité de la blockchain. Ces développements favorisent des solutions préservant la confidentialité, rendant la blockchain plus attrayante pour les secteurs qui exigent la confidentialité des données, tels que les soins de santé, la finance et la gestion des identités.

IV. Intégration avec les technologies émergentes :

Le potentiel de la blockchain s'étend au-delà de ses applications autonomes. L'intégration avec les technologies modernes recèle un énorme potentiel, notamment l'Internet des objets, l'intelligence artificielle (IA) ainsi que l'apprentissage automatique (ML). La blockchain peut fournir un cadre sécurisé et transparent permettant aux appareils IoT de communiquer et d'effectuer des transactions de manière autonome. Les algorithmes d'IA et de ML peuvent tirer parti de la nature immuable et vérifiable de la blockchain pour garantir l'intégrité et la fiabilité des données. L'intégration de la blockchain avec ces technologies ouvrira de nouvelles possibilités, allant de l'optimisation de la chaîne d'approvisionnement aux organisations autonomes décentralisées (DAO) et à l'analyse prédictive.

V. Monnaies numériques des banques centrales (CBDC) :

Les banques centrales du monde entier explorent le potentiel des monnaies numériques de banque centrale (CBDC), qui sont des représentations numériques de monnaies fiduciaires émises et réglementées par les autorités centrales. Les CBDC construites sur la technologie blockchain offrent des avantages tels qu'une efficacité accrue, des coûts réduits et une transparence accrue des transactions financières. Les développements attendus incluent le pilotage et la mise en œuvre de CBDC dans divers pays, ouvrant la voie à une économie numérique dans laquelle les monnaies basées sur la blockchain coexistent avec les monnaies fiduciaires traditionnelles.

VI. Gouvernance et organisations autonomes décentralisées (DAO) :

La nature décentralisée de la blockchain a donné naissance au concept d'organisations autonomes décentralisées (DAO) – des organisations régies par des contrats intelligents et un consensus communautaire. Les développements futurs de la technologie blockchain se concentreront probablement sur l'affinement des modèles de gouvernance pour les DAO, en relevant les défis liés à la prise de décision, à la résolution des litiges et à l'évolutivité. Ces évolutions façonneront de nouvelles formes de structures organisationnelles, permettant des processus décisionnels décentralisés, transparents et inclusifs.

VII. Durabilité et efficacité énergétique :

À mesure que la technologie blockchain continue de croître, il existe un besoin croissant de durabilité et d'efficacité énergétique dans les réseaux blockchain. Les développements attendus incluent l'exploration de mécanismes de consensus plus économes en énergie que la preuve de travail (PoW), tels que la preuve d'enjeu (PoS) et la preuve d'autorité (PoA). De plus, des efforts seront déployés pour optimiser les protocoles réseau, réduire les frais de calcul et explorer des alternatives plus écologiques pour l'infrastructure blockchain. Ces développements répondent aux préoccupations environnementales associées à la technologie blockchain et favoriseraient sa durabilité à long terme.

VIII. Solutions d'identité basées sur la blockchain :

La gestion des identités est un domaine crucial pour les développements attendus de la technologie blockchain. Les solutions d'identité basées sur la blockchain visent à fournir aux individus un contrôle sur leurs données personnelles, une vérification d'identité sécurisée et des interactions numériques simplifiées. Les solutions d'identité autonomes basées sur la blockchain offrent confidentialité, sécurité et interopérabilité entre différents services et plates-formes. Alors que l'identité numérique devient de plus en plus importante dans notre monde numérique, les solutions d'identité basées sur la blockchain gagneront du terrain, permettant une gestion sécurisée et décentralisée de l'identité.

IX. Cadres réglementaires et juridiques :

À mesure que la technologie blockchain continue d'évoluer, les cadres réglementaires et les considérations juridiques joueront un rôle central dans son adoption et son intégration dans les systèmes existants. Les développements attendus incluent l'établissement de cadres réglementaires clairs qui équilibrent l'innovation et la protection des consommateurs, répondant aux préoccupations liées à la fraude, au blanchiment d'argent et à la sécurité des investisseurs. Les gouvernements et les organismes de réglementation continueront de collaborer avec les parties prenantes du secteur pour créer un environnement propice à l'adoption de la blockchain tout en garantissant le respect des cadres juridiques existants.

X. Impact social et durabilité :

Le potentiel d'impact social de la blockchain devrait encore croître à l'avenir. Qu'il s'agisse de lutter contre la pauvreté et l'inclusion financière, de promouvoir la transparence des chaînes d'approvisionnement ou de faciliter les dons caritatifs, les solutions basées sur la blockchain peuvent avoir un impact profond sur la société. Des initiatives axées sur l'impact social et la durabilité, telles que la blockchain pour les crédits carbone, le commerce équitable et l'aide humanitaire, continueront à émerger, tirant parti de la transparence, de la traçabilité et de la responsabilité de la blockchain. Nous comprenons l'énorme potentiel et le pouvoir révolutionnaire de cette innovation révolutionnaire alors que nous attendons avec impatience les futures améliorations de la technologie blockchain.

La prochaine vague d'innovation blockchain sera façonnée par des solutions d'évolutivité, d'interopérabilité, de technologies améliorant la confidentialité, d'intégration avec les technologies émergentes, de monnaies numériques des banques centrales, de modèles de gouvernance, de durabilité, de solutions d'identité, de cadres réglementaires et d'initiatives à impact social. Nous pouvons tirer le meilleur parti de la technologie blockchain, transformer les industries et construire un avenir plus transparent, inclusif et décentralisé si nous acceptons ces évolutions attendues et résolvons les problèmes qui surviennent. Le développement de la technologie blockchain est en cours et les opportunités qui nous attendent sont à la fois fascinantes et révolutionnaires.

Merci d'avoir acheté et lu/écouté notre livre. Si vous avez trouvé ce livre utile/utile, prenez quelques minutes et laissez un commentaire sur la plateforme sur laquelle vous avez acheté votre livre. Vos commentaires comptent beaucoup pour nous.